289

PROFIL Collection d[...]
par Georges [...]
D'UNE ŒUV[...]

MADAME BOVARY

FLAUBERT

Analyse critique

par Guy RIEGERT

Professeur à l'Institut
français de Naples

hurtubise hmh

HATIER

Sommaire

ISSN 0750-2516   ISBN 2 - 218 - **01419** - X

Note : Toutes les références à *Madame Bovary* renvoient
à la collection Folio, parue chez Gallimard.

Introduction

« J'ai besoin de me donner ma mesure à moi-même. Je veux, pour vivre tranquille, avoir mon opinion sur mon compte, opinion arrêtée et qui me règlera dans l'emploi de mes forces... J'éprouve, par rapport à mon état littéraire intérieur, ce que tout le monde, à notre âge, éprouve un peu par rapport à la vie sociale : Je me sens le besoin de m'établir » (lettre de Constantinople, du 14 novembre 1850).

Flaubert, au moment où il se confie ainsi à son ami Louis Bouilhet, approche de la trentaine, et s'il a déjà beaucoup écrit, il n'a encore publié aucune œuvre importante. Il se sent arrivé à un tournant de sa vie d'homme et d'écrivain. Avec les difficultés à écrire qu'il éprouve chaque jour davantage, le doute l'assaille. Doute sur lui-même et sur l'art : « L'Art, au bout du compte, n'est peut-être pas plus sérieux que le jeu de quilles. Tout n'est peut-être qu'une immense blague... » (décembre 1851).

Lecteur passionné des grandes œuvres du passé, d'Homère, des tragiques grecs, de Rabelais, de Ronsard, de Cervantès, de Shakespeare, l'esprit artistique de son époque le laisse insatisfait. Il aspire à un renouvellement. La prose comme le roman moderne lui semblent à peine sortis de l'enfance. « La prose est née d'hier », déclare-t-il et il rêve d'un style nouveau, « un style qui serait beau, que quelqu'un fera quelque jour, dans dix ans ou dans dix siècles, et qui serait rythmé comme le vers, précis comme le langage des sciences... » (24 avril 1852). Son siècle n'a pas produit assez d'artistes ; Balzac, selon lui, n'avait pas su écrire : ... « Je crois que le roman ne fait que de naître, il attend son Homère » (17 décembre 1852).

Ces citations de sa *Correspondance*, assurément l'une des plus belles productions littéraires du XIXᵉ siècle, montrent assez, avec ses doutes, la grandeur des ambitions de Flaubert et l'importance vitale de l'enjeu qu'il risquait en entreprenant son premier roman important. Se trouver lui-même par la recherche et l'élaboration de nouvelles formes artistiques, tel était en somme son objectif. C'est dire toute la portée de *Madame Bovary* dans la carrière de Flaubert et dans l'histoire de la littérature. Voilà certainement, outre le simple plaisir de la lecture, de bonnes raisons de lire et d'étudier ce grand roman.

« Madame Bovary » dans l'œuvre de Flaubert

« Ce qui m'est naturel à moi, c'est le non-naturel pour les autres, l'extraordinaire, le fantastique, la hurlade métaphysique; *Saint Antoine* ne m'a pas demandé le quart de la tension d'esprit que la *Bovary* me cause. C'était un déversoir. Je n'ai eu que plaisir à écrire, et les dix-huit mois que j'ai passés à en écrire les cinq cents pages ont été les plus profondément voluptueux de toute ma vie. Juge donc, il faut que j'entre dans des *peaux* qui me sont antipathiques. »

FLAUBERT, *Lettre à Louise Colet*, 6 avril 1853.

TABLEAU CHRONOLOGIQUE

Vie et œuvre de Flaubert	Événements politiques. Production artistique. Publications d'œuvres françaises ou étrangères en traduction.
1821 (12 décembre) Naissance à Rouen de Gustave Flaubert. Son père est le chirurgien en chef de l'Hôtel-Dieu	**1821** (9 avril) Naissance de Baudelaire. **1827** Le *Faust* de Gœthe (traduit par Gérard de Nerval)
1830 (31 décembre) Première lettre de la *Correspondance :* « J'écrirai des comédies et toi tu écriras tes rêves ; et comme il y a une dame qui vient chez papa et qui conte toujours des bêtises, je les écrirai » *(sic)*	**1830-1848** Louis-Philippe, roi des Français **1830** *Hernani,* de Victor Hugo
1832 Le jeune garçon entre en 8ᵉ au Collège de Rouen	**1832** *Louis Lambert,* de Balzac. Flaubert qui le lira en 1852 en sera fort impressionné. Pour lui, *Louis Lambert* est comme la préface d'un roman métaphysique qu'il avait imaginé

Vie et œuvre de Flaubert	Événements politiques. Production artistique. Publications d'œuvres françaises ou étrangères en traduction.
1836 Pendant des vacances à Trouville, rencontre les Schlésinger. Il tombe éperdument amoureux de Mme Schlésinger, alors âgée de vingt-six ans Premiers contes	**1836** *Confession d'un enfant du siècle,* d'Alfred de Musset **1839** *La chartreuse de Parme,* de Stendhal. *Madame Putiphar,* de Pétrus Borel. « Je me gaudys avec P. Borel qui est hénaurme ; je trouve là mes vieilles phrénésies de jeunesse » (*Cor.* 2 janvier 1854)
1841 Flaubert prend ses inscriptions à la Faculté de Droit de Paris. Il réside toujours à Rouen	**1841** *Oliver Twist,* de Dickens (1837-1838)
1842 Exempté du service militaire, il s'installe à Paris	**1842** *Les mystères de Paris,* d'Eugène Sue
1843 (février) Commence la première *Éducation sentimentale.* En août, il échoue à l'examen de deuxième année	**1843** *Consuelo,* de George Sand
1844 Flaubert est terrassé par une grave crise nerveuse et abandonne le droit	
1845 (janvier) Achève la première version de *L'éducation sentimentale.* Voyage en Italie avec ses parents, sa sœur Caroline et son époux	**1845** Début des *Salons* de Baudelaire
1846 (15 janvier) Mort de son père. Rencontre Louise Colet chez Pradier	
1847 Voyage en Bretagne avec son ami Maxime Du Camp	**1847-1853** *Histoire de la révolution française,* de Michelet : « ... le seul romantique aura été le père Michelet. Quel sillon il laissera ! Que d'idées, que d'aperçus !... Enfin, je l'aime » (*Cor.* novembre 1864)
1848 Flaubert et Bouilhet se rendent à Paris pour assister aux événements Commence à rédiger *La tentation de saint Antoine,* 1re version (achevée le 12 septembre 1849) Première brouille avec Louise Colet	**1848** Révolution de février. Chute de Louis-Philippe. IIe République
1849 S'embarque à Marseille (4 novembre) pour un long voyage en Orient	**1849** *Graziella,* de Lamartine. « Pourquoi perds-tu ton temps à relire G. ?... Il n'y a rien à prendre à de pareilles œuvres » (*Cor.* 16 septembre 1853) **1849** *L'enterrement à Ornans,* de Courbet

Vie et œuvre de Flaubert	Événements politiques. Production artistique. Publications d'œuvres françaises ou étrangères en traduction.
	1849-1850 *Mémoires d'outre-tombe*, de Chateaubriand. « Je viens de lire les quatre volumes des *Mémoires*... Quel homme c'eût été sans sa poétique ! » (*Cor.* 8-9 mai 1852)
1851 (juin) Retour à Croisset, après un séjour en Italie, à la fin de son voyage. Commence *Madame Bovary* (19 septembre). Flaubert renoue ses relations avec Louise Colet, et sa correspondance avec sa « muse » devient plus littéraire	**1851** (juin) *Voyage en Orient*, de Gérard de Nerval Coup d'État du 2 décembre. Plébiscite en faveur de Louis-Napoléon **1852** *Grandeur et décadence de Joseph Prudhomme*, de Henri Monnier. *Les Parisiens à la campagne*, de Daumier. *Poèmes antiques*, de Leconte de Lisle : « J'ai lu Leconte. Eh bien, j'aime beaucoup ce gars-là : il a un grand souffle, c'est un pur » (*Cor.* 6 avril 1853)
1854 (octobre) Rupture définitive avec Louise Colet	**1854** *Récits d'un chasseur* (1847-52), de Tourgueniev. *Le gendre de Monsieur Poirier*, d'Émile Augier
1856 Flaubert achève *Madame Bovary*, qui commence à paraître dans *la Revue de Paris*	**1856** *Un héros de notre temps* (1840), de Lermontov
1857 Procès et acquittement. Flaubert rédige le premier chapitre de *Salammbô* dès octobre	**1857** *Les fleurs du mal*, de Baudelaire. Procès et condamnation du poète. *Manifeste du réalisme*, de Champfleury : « Pourquoi a-t-on délaissé ce bon Champfleury avec le " Réalisme ", qui est une ineptie de même calibre, ou plutôt la même ineptie ? » (que le Naturalisme). *Lettre* à Guy de Maupassant (25 décembre 1876)
1858 (avril-juin) Voyage en Tunisie et à Constantine pour se documenter sur *Salammbô*	**1858** *Les âmes mortes* (1842), de Gogol. *Le roman de la momie*, de Gautier **1859** *La légende des siècles*, de Victor Hugo (1er volume). « Une chose magnifique vient de paraître : *La légende des siècles* de Hugo. Jamais ce colossal poète n'a été si haut. Il est désespérant d'écrire après un tel homme » (*Cor.* 8 octobre 1859)
1862 (février) Achève *Salammbô*, qui paraît le 24 novembre	**1862** *Les misérables*, de Victor Hugo : « Eh bien ! notre Dieu baisse. *Les misérables* m'exaspèrent... Je ne trouve dans ce livre ni vérité ni grandeur. Quant au style, il me semble intentionnellement incorrect et bas » (*Cor.* juillet 1862)

Vie et œuvre de Flaubert	Événements politiques. Production artistique. Publications d'œuvres françaises ou étrangères en traduction.
1863 Séjourne à Paris. Fréquente chez le prince Jérôme et la princesse Mathilde. Flaubert fait la connaissance de Tourgueniev et rencontre Sainte-Beuve, Taine, Renan	**1863** Premier Salon des refusés **1863** *Histoire de la littérature anglaise*, de Taine : « Son ouvrage est élevé et solide, bien que j'en blâme le point de départ. Il y a autre chose dans l'Art que le milieu où il s'exerce et les antécédents physiologiques de l'ouvrier » (*Cor.* octobre 1864)
1864 Commence une nouvelle version de *L'éducation sentimentale*. Flaubert est invité aux Tuileries, puis à Compiègne	**1864** *Germinie Lacerteux*, d'Edmond et Jules de Goncourt : « Cela est fort, roide, pathétique et empoignant... La grande question du réalisme n'a jamais été si carrément posée. On peut joliment discuter sur le but de l'art à propos de votre livre » (*Cor.* janvier 1865)
1866 Flaubert est nommé chevalier de la Légion d'honneur (15 août). George Sand lui rend visite à Croisset	**1865** *Introduction à l'étude de la médecine expérimentale*, de Claude Bernard. *Olympia*, de Manet.
1869 Termine *L'éducation sentimentale*, qui paraît le 17 novembre. Se remet à *La tentation de saint Antoine*	**1869** Mallarmé publie un morceau d'*Hérodiade* dans la 2e série du *Parnasse contemporain* *Les chants de Maldoror*, de Lautréamont. *Les fêtes galantes*, de Verlaine
1870 Pendant la guerre, Flaubert héberge des parents à Croisset, avant d'avoir à y loger des Prussiens	**1870** Guerre franco-allemande. Sedan. Déchéance de l'empire (4 septembre). *Orphée* et *Salomé*, de Gustave Moreau
1871 Voyage à Bruxelles, à Londres et à Dieppe. Tracas financiers	**1871** Thiers, chef du gouvernement. La Commune de Paris
1872 Mort de la mère de Flaubert (6 avril). Termine *La tentation de saint Antoine*	**1872** *Tartarin de Tarascon*, de Daudet. *Impression, soleil levant*, de Monet
1874 Première représentation de sa pièce, *Le candidat*. Échec. Publication de *La tentation*. Met *Bouvard et Pécuchet* en chantier	**1874** Première exposition des peintres impressionnistes
1875 Commence *Saint Julien l'Hospitalier*. Les efforts financiers consentis pour sauver sa nièce et son neveu de la faillite le ruinent	**1875** Mort de Corot. *La Seine au pont d'Iéna*, de Gauguin
1876 Achève *Saint Julien* et entreprend *Un cœur simple* (terminé le 16 août). Commence *Hérodias* (novembre)	**1876** *L'assommoir* de Zola paraît en feuilleton dans *la République des lettres* : « Je trouve cela *ignoble*, absolument. Faire vrai ne me paraît pas être la première condition de l'art. Viser au beau

Vie et œuvre de Flaubert	Événements politiques. Production artistique. Publications d'œuvres françaises ou étrangères en traduction.
	est le principal, et l'atteindre si l'on peut » (à la princesse Mathilde, 4 octobre 1876)
1877 Les *Trois contes* paraissent, chez Charpentier. Flaubert continue à travailler à *Bouvard et Pécuchet*	**1877** *Nana*, de Manet. *Le moulin de la galette*, de Renoir. *L'absinthe*, de Degas : « Après les Réalistes, nous avons les Naturalistes et les Impressionnistes. Quel progrès ! Tas de farceurs qui veulent se faire accroire et nous faire accroire qu'ils ont découvert la Méditerranée » (*Cor.* 8 décembre 1877)
1879 Une pension lui est accordée par Jules Ferry	**1879** *La guerre et la paix* (1865-1869), de Tolstoï : « C'est un roman de premier ordre, bien que le dernier volume soit raté » (*Cor.* 2 janvier 1880)
1880 Reçoit à Croisset les Goncourt, Zola, Alphonse Daudet, Charpentier et Guy de Maupassant Flaubert meurt subitement, le 8 mai, à Croisset	**1880** *Nana* (février), de Zola. « Je trouve que *Nana* contient des choses merveilleuses... C'est un colosse qui a les pieds malpropres mais c'est un colosse... Il faut savoir admirer ce qu'on n'aime pas » (*Cor.* 18 avril 1880) *Les soirées de Médan, Le roman expérimental*, de Zola

L'IDÉE PREMIÈRE DE « MADAME BOVARY »

Les dernières années du demi-siècle furent cruelles pour Flaubert. En 1846 il eut la douleur de perdre successivement son père, le 15 janvier, puis le 20 mars sa sœur Caroline Hamard, la jeune mère de « la nièce Caroline ». En avril 1848, c'est son ami Alfred Le Poittevin qui disparaît. Certes, il a rencontré en juin 1846 la belle Louise Colet, la « Muse », la confidente future de ses tourments et de ses joies littéraires, mais la liaison est passablement orageuse. Aussi bien, du reste, les deux amants se brouillèrent-ils, une première fois, en avril 1848.

Le 24 mai 1848, cependant, Flaubert s'est attelé à la rédaction de *La tentation de saint Antoine* (première version). Cette œuvre, où il entend exprimer ses idées philosophiques et ses rêves familiers en donnant libre cours à son lyrisme, il en caressait le projet depuis quelques années déjà. Elle l'occupa jusqu'au 12 septembre 1849. A cette date, il convoqua ses amis Louis Bouilhet et Maxime Du Camp à Croisset pour leur en faire lecture et entendre leur jugement. Le verdict fut sévère. « Le lyrisme qui était le fond même de sa nature et de son talent l'avait si bien emporté qu'il avait quitté terre », note Du Camp dans ses *Souvenirs littéraires*. On lui conseilla de jeter l'œuvre au feu, de « n'en jamais reparler » et de traiter à l'avenir un « sujet terre à terre, un de ces incidents dont la vie bourgeoise est pleine ». Ce fut pour Flaubert « un coup affreux » (lettre à Bouilhet du 4 septembre 1850). Il allait désormais devoir dominer sa tendance au lyrisme et choisir des sujets moins en rapport peut-être avec ses goûts profonds.

C'est au cours du voyage en Orient entrepris aussitôt après en compagnie de Maxime Du Camp que les conseils de ses amis concernant des sujets plus simples furent mis à profit. Le 14 novembre 1850, Flaubert écrit en effet, de Constantinople : « A propos de sujets, j'en ai trois, qui ne sont peut-être que le même et ça m'embête considérablement : 1° *Une nuit de Don Juan* [...] 2° L'histoire d'*Anubis*, la femme qui veut se faire aimer par le dieu. C'est la plus haute, mais elle a des difficultés atroces. 3° Mon roman flamand de la jeune fille qui meurt vierge et mystique, entre son père et sa mère, dans une petite province. »

Ce projet de « roman flamand » ne retiendrait sans doute guère notre attention, si une lettre plus tardive, du 30 mars 1857, à Mlle Leroyer de Chantepie, ne nous apprenait qu'il s'agit de la première idée de *Madame Bovary* : « Mais l'idée première que j'avais eue était d'en faire une vierge, vivant au milieu de la province, vieillissant dans le chagrin et arrivant ainsi aux derniers états du mysticisme et de la passion rêvée. »

Flaubert rentra à Croisset en juin 1851. Entre-temps il avait eu le loisir de modifier assez son premier projet pour annoncer à Louise Colet, dès le 20 septembre, le début de la rédaction du roman que nous connaissons.

Ainsi l'héroïne du premier grand roman de Flaubert, conçue à l'origine comme une jeune fille flamande et mystique, s'était métamorphosée en quelques mois en une petite bourgeoise adultère de Normandie. Par quels cheminements ?

LES SOURCES DU ROMAN

« Non, Monsieur, aucun modèle n'a posé devant
moi. Madame Bovary est une pure invention.
Tous les personnages de ce livre sont complètement
imaginés, et Yonville-l'Abbaye lui-même est un
pays qui n'existe pas, ainsi que la Rieulle, etc. Ce
qui n'empêche pas qu'ici en Normandie, on n'ait
voulu découvrir dans mon roman une foule d'allu-
sions. »

FLAUBERT, Lettre à M. Cailleteaux, 4 juin 1857

Il semble que ce soit Louis Bouilhet et Maxime Du Camp
qui ont, entre avril et juillet 1851, fixé l'attention de Flaubert
sur un fait divers récent : la mort en 1848 de la deuxième
épouse, infidèle, d'un officier de santé établi à Ry, Eugène
Delamare. Ils lui fournirent ainsi le schéma narratif et le
cadre de son roman. Mais de là à considérer que l'écrivain
ne s'est inspiré que de cette intrigue et que Yonville est la
copie fidèle du village de Ry et de ses habitants, il y a un
pas, que certains critiques ont pourtant franchi allègre-
ment. L'affaire Delamare n'est pas la seule source de
Madame Bovary. Flaubert a pu aussi penser à une affaire
célèbre d'empoisonnement du début du siècle, l'affaire
Lafarge, comme il s'est sans doute inspiré d'un document :
les *Mémoires de Madame Ludovica*. Ces *Mémoires*, qui furent
en sa possession, étaient consacrés aux aventures amoureuses
et aux soucis d'argent de Louise Pradier, la jeune femme du
sculpteur, son ami, chez qui il avait rencontré Louise Colet.

Mais c'est avec toute son imagination, sa culture et sa
personnalité que Flaubert s'est emparé des schèmes ou des
détails fournis par les faits divers et les chroniques. Il les a
interprétés, bien sûr, et les a enrichis. Enrichis de ses souvenirs de lectures, de Balzac surtout, dont *la Physiologie du
mariage* et *la Muse du département* offrent maints traits
voisins de ceux de son roman. Souvenirs d'écrivain, aussi,
en qui les œuvres de jeunesse continuent leur vie souterraine.
Ainsi peut-on voir dans l'entrevue d'Emma et du curé
Bournisien l'amplification d'un thème d'*Agonies* (1838),
dans les scènes de la Vaubyessard, le souvenir des scènes

semblables de *Quidquid volueris* (1837) (autant, du reste, que le souvenir d'une expérience réelle du jeune Flaubert), et dans la passion d'Emma et la lâcheté de ses amants, le prolongement de *Passion et vertu* (1837).

LA RÉDACTION

> « Au milieu de tout cela j'avance péniblement dans
> mon livre. Je gâche un papier considérable. Que de
> ratures ! La phrase est bien lente à venir : quel
> diable de style ai-je pris ! Honnis soient les sujets
> simples ! Si vous saviez combien je m'y torture,
> vous auriez pitié de moi. M'en voilà bâté pour une
> grande année au moins. »

FLAUBERT, *Lettre à Louise Colet*, début nov. 1851.

La rédaction de *Madame Bovary* fut beaucoup plus longue que Flaubert ne l'avait prévu. Elle lui fut aussi très pénible. Entre le 20 septembre 1851 et le mois d'avril 1856, date à laquelle il remet le manuscrit au copiste, la correspondance nous livre les plaintes très nombreuses et parfois émouvantes de l'écrivain qui peine sur le long pensum qu'il s'est imposé, qui y travaille chaque jour des heures durant, en ne s'accordant, de loin en loin, que de rares détentes. « La *Bovary* m'ennuie » est son leitmotiv. « Ce récit bourgeois me dégoûte », confie-t-il le 12 septembre 1853, et encore, en octobre 1853 : « Quelle sacrée maudite idée j'ai eue de prendre un sujet pareil ! » Voici les grandes étapes de la rédaction :

1851. 19 septembre. Début du travail.

1852. Août : la première partie est terminée.
De septembre à octobre : Flaubert écrit les chapitres I à III de la IIe partie.

1853. Chapitres IV à VIII et un morceau du chapitre IX de la IIe partie.

1854. Chapitres IX à XIII, IIe partie.

1855. Chapitres XIII à XV, IIe partie, et I à VIII, IIIe partie.

1856. Avril : le roman est achevé. L'auteur en fait exécuter une copie.

« La *Bovary* marche au-delà de mes espérances. Les femmes seulement me regardent comme « une horreur d'homme ». On trouve que je suis trop vrai. Voilà le fond de l'indignation. Je trouve, moi, que je suis très moral et que je mérite le prix Montyon, car il découle de ce roman un enseigne- ment clair, et si « la mère ne peut en permettre la lecture à sa fille », je crois bien que des maris ne feraient pas mal d'en permettre la lecture à leur épouse. »

FLAUBERT, *à Louis Bonenfant*, le 12 décembre 1856.

La Copie fut envoyée le 31 mai 1856 à Maxime Du Camp, et c'est dans *la Revue de Paris* dont il était co-directeur que parut le roman à partir du 1er octobre 1856, après corrections et retouches. La publication s'échelonna sur six numéros. Mais les corrections et les suppressions, même celles qui furent pratiquées sans l'aveu de l'auteur, ne furent sans doute pas suffisantes pour calmer l'indignation de certains lecteurs à l'apparition de cette œuvre nouvelle. Et ce n'est pas le prix de vertu de l'Académie française qui l'attendait, mais au contraire les foudres de la justice. Dès janvier 1857, en effet, des poursuites judiciaires furent entamées pour offense à la morale publique et à la religion. Le procès eut lieu le 31 janvier. Flaubert, l'imprimeur et le gérant de *la Revue* furent acquittés le 7 février. (Baudelaire n'échappera pas, lui, à la condamnation, en août de la même année, pour ses *Fleurs du mal.*)

En avril 1857, *Madame Bovary* paraissait chez l'éditeur Michel Lévy, en deux volumes in-12. Le premier tirage de 6 000 exemplaires fut suivi, en juin, d'un second tirage.

L'ACCUEIL DE LA CRITIQUE ET LA POSTÉRITÉ

> « D'ailleurs m... pour la critique ! Je me f... des on et c'est parce que je m'en suis f... que la *Bovary* mord un tantinet. »
>
> FLAUBERT, *à Jules Duplan*, mai 1857.

Le roman de Flaubert a tout de suite connu un certain succès auprès du public. Mais l'œuvre était trop novatrice pour ne pas choquer, pour des raisons de morale ou d'esthétique, les critiques professionnels qui, ou bien l'éreintèrent (en petit nombre il est vrai), ou bien émirent des réserves plus ou moins sérieuses...

Sainte-Beuve, dans *le Moniteur universel* du 4 mai 1857, commence assez favorablement son article :

« *Madame Bovary* est un livre avant tout, un livre composé, médité, où tout se tient, où rien n'est laissé au hasard de la plume, et dans lequel l'auteur ou mieux l'artiste a fait d'un bout à l'autre ce qu'il a voulu. »

Mais les réserves suivent :

« Une qualité précieuse distingue Monsieur Gustave Flaubert des autres observateurs plus ou moins exacts qui, de nos jours, se piquent de rendre en conscience la seule réalité, et qui parfois y réussissent; il a le *style*. Il en a même un peu trop, et sa plume se complaît à de minutieuses descriptions qui nuisent parfois à l'effet total...

« Tout en me rendant bien compte du parti pris qui est la méthode même et qui constitue l'*art poétique* de l'auteur, un reproche que je fais à son livre c'est que le bien est trop absent; pas un personnage ne le représente... Le livre, certes, a une moralité : l'auteur ne l'a pas cherchée, mais il ne tient qu'au lecteur de la tirer, et même terrible. Cependant l'office de l'art est-il de ne vouloir pas consoler, de ne vouloir admettre aucun élément de clémence et de douceur, sous couleur d'être plus vrai?... »

Style descriptif trop minutieux, attitude trop dure et trop impersonnelle de l'artiste : nous retrouverons souvent ces objections.

Cuvillier-Fleury répondit à Sainte-Beuve dans *le Journal des débats* du 26 juin 1857. Critique en renom, il ne veut voir que les défauts de Flaubert, et trouve une formule qui retient l'attention par sa prescience, eu égard à l'évolution du roman français dans la deuxième moitié du siècle :

« L'affectation de langage s'allie mal à la dureté du trait. Drapés dans cette défroque du romantisme, les personnages de Monsieur Flaubert, si peu flattés du côté moral, ressemblent parfois à ces intrigants des vieilles comédies, qu'on voit, courant les ruelles, couverts de paillettes et de broderies d'emprunt. Dans *Madame Bovary*, si elle peut vieillir, il y a tout l'avenir d'une marchande à la toilette. »

Ces deux articles ne furent sans doute pas jugés assez sévères par un certain Aubineau, qui écrivit dans *l'Univers* du 26 juin 1857, prenant bien soin de ne pas salir sa plume en citant le titre de l'ouvrage ou le nom de l'auteur :

« L'alarme du ministère public, l'arrêt de la justice, l'applaudissement du *Moniteur* et les réserves du *Journal des débats* ne peuvent donner de la valeur à l'œuvre laborieuse, vulgaire et coupable, dont nous parlons. [...]

« Commençons par déclarer que le livre est de telle nature qu'il est impossible d'en donner ici une analyse. L'art cesse du moment qu'il est envahi par l'ordure. »

La partialité et la sottise poussées à ce point amusent. Flaubert s'en réjouit. « Les mânes d'Homais se vengent », écrivit-il à un ami.

Que pensaient les écrivains de *Madame Bovary* ? Dans *le Pays* du 6 octobre 1857, Barbey d'Aurevilly - qu'on ne peut s'attendre à voir reprocher son immoralité au livre - met l'accent sur l'impassibilité de l'auteur et sur sa prétendue indifférence :

« Monsieur Flaubert est un moraliste, sans doute, mais il n'a point d'émotion, -il n'a point de jugement, du moins appréciable. C'est un narrateur incessant et infatigable, c'est un *descripteur* jusqu'à la plus minutieuse subtilité, mais il est sourd-muet d'impression à tout ce qu'il raconte. Il est indifférent à ce qu'il décrit avec le scrupule de l'amour. Si l'on forgeait à Birmingham ou à Manchester des machines à raconter ou à analyser, en bon acier anglais, qui fonctionneraient toutes seules par des procédés inconnus de dynamique, elles fonctionneraient absolument comme Monsieur Flaubert. »

Baudelaire lui rend beaucoup plus finement justice dans *l'Artiste* du 10 octobre 1857. Feignant d'écouter l'exposé que lui ferait l'auteur de son projet, il en retrouve les intentions, et montre enfin comment il voit l'héroïne de Flaubert :

« ... je marcherai appuyé sur l'analyse et la logique, et je prouverai ainsi que tous les sujets sont indifféremment bons ou mauvais selon la manière dont ils sont traités, et que les plus vulgaires peuvent devenir les meilleurs.

« Dès lors, *Madame Bovary* - une gageure, une vraie gageure, un pari, comme toutes les œuvres d'art - était créée. Il ne restait plus à l'auteur, pour accomplir le tour de force dans son entier, que de se dépouiller (autant que possible) de son sexe et de se faire femme. Il en est résulté une merveille; c'est que, malgré tout son zèle de comédien, il n'a pas pu ne pas infuser un sang viril dans les veines de sa créature, et que Madame Bovary, pour ce qu'il y a en elle de plus énergique et de plus ambitieux, et aussi de plus rêveur, Madame Bovary est restée un homme. Comme la Pallas armée, sortie du cerveau de Zeus, ce bizarre androgyne a gardé toutes les séductions d'une âme virile dans un charmant corps féminin. »

Duranty, « l'un des pionniers du Naturalisme », au dire de Zola, avait créé en novembre 1856 la revue *Le Réalisme*. C'est là que ce jeune écrivain, qui parlera bien, plus tard, des Impressionnistes, fait paraître, le 15 mars 1857, son article sur *Madame Bovary*. On le sent un peu contraint :

« Pas une main, pas un pied ne bouge, qu'il n'y ait deux ou trois lignes pour les décrire. Il n'y a ni émotion, ni sentiment, ni vie dans ce roman, mais une grande force d'arithméticien qui a supputé et rassemblé tout ce qu'il peut y avoir de gestes, de pas ou d'accidents de terrains dans les personnages, des événements et des pays donnés. Ce livre est une application littéraire du calcul des probabilités. »

George Sand ne pouvait admettre l'impersonnalité en art. Et elle posera de nouveau le problème du but de l'art, déjà évoqué dans l'article de Sainte-Beuve, dans sa lettre du 12 janvier 1876 à Flaubert :

« Il faut écrire pour tous ceux qui ont soif de lire et qui peuvent profiter d'une bonne lecture. Donc il faut aller tout droit à la moralité la plus élevée qu'on ait en soi-même et ne pas faire mystère du sens moral et profitable de son œuvre. On a trouvé celui de *Madame Bovary*. Si une partie du public criait au scandale, la partie la plus saine et la plus étendue y voyait une rude et frappante leçon donnée à la femme sans conscience et sans foi, à la vanité, à l'ambition, à la déraison. On la plaignait, l'art le voulait mais la leçon restait claire et l'eût été davantage, elle l'eût été pour *tous*, si tu l'avais bien voulu, en montrant davantage l'opinion que tu avais, et qu'on devait avoir de l'héroïne, de son mari et de ses amants.

« Cette volonté de peindre les choses comme elles sont, les aventures de la vie comme elles se présentent à la vue, n'est pas bien raisonnée, selon moi. »

L'influence de Flaubert se fit sentir peu à peu sur les romanciers réalistes, qu'il fréquenta à la fin de sa vie, et qu'il apprécia, qu'il s'agisse des Goncourt, de Zola, d'Alphonse Daudet et, bien entendu, de son filleul et disciple Guy de Maupassant, le seul à conserver intact le fruit de ses leçons. Dans son ouvrage sur *les Romanciers réalistes* (1881), Zola sut bien marquer sa dette à l'égard de *Madame Bovary* :

« Quand *Madame Bovary* parut, il y eut toute une révolution littéraire. Il sembla que la formule du roman moderne, éparse dans l'œuvre colossale de Balzac, venait d'être réduite et clairement énoncée dans les quatre cents pages d'un livre. Le code de l'art nouveau se trouvait écrit. *Madame Bovary* avait une netteté et une perfection qui en faisaient le roman type, le modèle définitif du genre. »

La critique universitaire de l'époque, avec Brunetière, confirme et renforce ce jugement, en 1883, dans *le Roman naturaliste* :

« Mais le vrai maître d'école, aujourd'hui comme au temps des *Soirées de Médan*, c'est M. Zola toujours, et par-delà M. Zola, c'est Flaubert, encore Flaubert, éternellement Flaubert... c'est Flaubert qui demeurera dans l'histoire de ce temps le vrai héraut du naturalisme, comme il est bien probable que *Madame Bovary* en demeurera le chef-d'œuvre. »

Les résistances du début comme les références de plus en plus nombreuses à Flaubert à partir de *Madame Bovary* révèlent au fond la même chose : l'originalité puissante d'une œuvre qui a marqué une date dans l'histoire littéraire. Parmi les écrivains modernes qui ont avoué leur admiration pour Flaubert, nous n'en citerons qu'un seul, mais il est de taille : le grand romancier américain William Faulkner. Voici ce que l'auteur du *Bruit et la fureur* répondait à un questionnaire en 1957, cent ans après la publication du roman de Flaubert :

Question : « Il y a quelque temps, vous avez cité, parmi les livres que vous aimez particulièrement, *Madame Bovary* et aussi Tolstoï... Pouvez-vous nous dire en quelques mots vos préférences, vos conceptions à l'égard de ces deux pôles de l'art, *la Guerre et la paix* et *Madame Bovary* ? »

FAULKNER : « Dans *Madame Bovary*, j'ai vu, ou j'ai cru voir, un homme qui ne gaspillait rien... dont le travail vis-à-vis de sa langue était presque celui du lapidaire... c'est-à-dire un homme qui avait choisi de faire un seul livre parfait tant au point de vue des personnages que de la méthode et du style... à l'opposé d'un homme qui était si occupé de peindre des êtres qu'il n'avait guère le temps de s'embarrasser du style... Cependant cette comparaison, je vous l'accorde, est peut-être meilleure entre Flaubert et Balzac. Je pense que l'homme qui a écrit *Salammbô*, *La tentation de saint Antoine* et *Madame Bovary* était un styliste qui avait aussi le talent de créer des personnages. Mais tout le monde ne peut pas faire ça, tout le monde ne peut pas faire les deux, il faut peut-être choisir... Avec *Madame Bovary*, c'est comme si vous saviez depuis le commencement [...] ce qu'il va faire : il ne vous désappointera pas, ce sera aussi parfait qu'une démonstration mathématique [1]. »

1. *Faulkner à l'Université*, 1959. Traduction française, Gallimard, 1964.

2 | Analyse

PREMIÈRE PARTIE

CHAPITRE 1. *Présentation de Charles Bovary.*

Un garçon d'une quinzaine d'années entre au Collège de Rouen dans la classe de 5ᵉ. Tout en lui, son maintien comme sa mise, est ridicule. Ce nouveau, Charles Bovary, est un « gars de la campagne ». Il arrive d'un village aux confins du Pays de Caux et de la Normandie où ses parents se sont retirés. Son père est un incapable qui n'a su qu'accumuler les échecs. Sa mère, aigrie, cherche à compenser ses déceptions par son amour pour son fils.

Bovary quitte le collège à la fin de la 3ᵉ pour étudier la médecine à Rouen. Très médiocre étudiant, il réussit cependant à passer l'examen d'officier de santé, après un premier échec. Il s'installe à Tostes et sa mère lui fait épouser une veuve de quarante-cinq ans, qui est laide mais qui a du bien. La vie conjugale paraît être au jeune homme une nouvelle prison.

CHAPITRE 2. *Premières rencontres de Charles et d'Emma Rouault.*

Une nuit d'hiver, Charles est appelé à la ferme des Bertaux. Le Père Rouault, le maître des lieux, un paysan qui paraît assez aisé, vient de se casser la jambe. L'officier de santé est sensible au charme de Mˡˡᵉ Emma, sa fille. Il multiplie les visites aux Bertaux, jusqu'au jour où sa femme lui interdit d'y retourner. Au début du printemps, le notaire de celle-ci disparaît en emportant ses fonds. Elle meurt brusquement après des scènes orageuses avec ses beaux-parents. Ainsi s'achève la première expérience conjugale de Charles.

CHAPITRE 3. *La demande en mariage.*

Peu après, le Père Rouault l'invite aux Bertaux, pour le distraire... Il revoit Emma et, durant l'été, prend conscience de son amour pour la jeune fille. A l'époque de la Saint-Michel il se décide à la demander en mariage. La noce est fixée au printemps suivant. L'hiver sera occupé par les préparatifs.

CHAPITRE 4. *La noce.*

Description et récit mêlés : l'arrivée des invités, le cortège, la table, le départ des invités, la nuit des noces, le retour à Tostes.

CHAPITRE 5. *Vie conjugale. Première déception d'Emma.*

La maison de Charles; il découvre dans mille petits détails le bonheur près d'Emma. Mais la jeune femme est loin de faire semblable découverte. La réalité ne correspond pas à ce qu'elle a lu dans ses livres.

CHAPITRE 6. *L'éducation et les rêves de la jeune Emma.*

L'influence de la littérature, des images et du couvent sur un « tempérament sentimental » : « Paul et Virginie », livres pieux, romans sentimentaux, romans historiques, élégies lamartiniennes, romances, vignettes pieuses, assiettes peintes, keepsakes, gravures anglaises ou exotiques...

CHAPITRE 7. *Les réalités de la vie conjugale.*

Charles s'émerveille de trouver en Emma une épouse accomplie, sachant aussi bien conduire convenablement son ménage, que dessiner, jouer du piano, recevoir avec élégance. Mais il est, pour son compte, totalement dépourvu de mystère et de raffinement, et la jeune femme que l'ennui menace doit se heurter, de plus, à l'hostilité jalouse de sa belle-mère. A la fin de septembre, pourtant, un événement vient rompre la monotonie de son existence : les deux époux sont invités à un bal à la Vaubyessard, chez le Marquis d'Andervilliers.

CHAPITRE 8. *Le séjour au château de la Vaubyessard.*

Description du château; dîner, bal, souper. La découverte émerveillée d'un autre monde, le retour silencieux et morose à Tostes puis, dès le lendemain, et plus tard, les songes et les regrets, qui ne s'effacent plus.

CHAPITRE 9. *Les rêveries d'Emma.*

Ce qu'elle vient de vivre offre un nouvel aliment à l'imagination d'Emma, qui rêve de Paris, qui se met à lire Balzac et E. Sue. Mais rien ne peut assouvir ses désirs vagues et elle s'irrite de plus en plus de la sottise absolue de son mari. Les saisons se succèdent, l'ennui s'accroît et le caractère de la jeune femme s'altère. Un an et demi après le bal de la Vaubyessard, on lui trouve une maladie nerveuse et Charles, qui est resté quatre ans à Tostes, doit se résoudre à déménager pour Yonville. Emma est enceinte quand le ménage quitte Tostes.

DEUXIÈME PARTIE

CHAPITRE 1. *Yonville-l'Abbaye et ses habitants.*

La situation d'Yonville. L'église, les halles et la mairie, la pharmacie, l'auberge du Lion d'Or. Quelques habitants : Homais, le pharmacien ; Binet, le percepteur ; le curé Bournisien. De la diligence qui amène les Bovary descend Lheureux, le marchand d'étoffes.

CHAPITRE 2. *Un dîner au Lion d'Or.*

Pendant que le pharmacien et l'officier de santé s'entretiennent de l'exercice de la médecine, Emma et Léon Dupuis, clerc du notaire et habitué de l'auberge qui partage leur repas, engagent une conversation romantique où ils se confient leurs goûts communs.

CHAPITRE 3. *Naissance de Berthe ; amitié amoureuse.*

Emma donne naissance à une fille, qui sera prénommée Berthe. Après le baptême, la petite est mise en nourrice, chez une Mme Rollet. Mme Tuvache, la femme du maire, trouve qu'Emma se compromet pour être allée voir sa fille au bras de Léon, à qui tous les Yonvillois paraîtront sans intérêt après cette promenade pleine d'agrément et de langueur.

CHAPITRE 4. *La vie à Yonville.*

La vie se poursuit avec une monotone régularité. Emma guette chaque jour le passage de Léon. Le dimanche, Homais reçoit : on joue au trente-et-un, à l'écarté, aux dominos, Léon et Emma regardent ensemble *l'Illustration*; on échange des cadeaux. Le jeune homme voudrait déclarer sa flamme à Emma. Sa timidité l'en empêche.

CHAPITRE 5. *Emma découvre l'amour et ses souffrances.*

En février, une promenade aux environs d'Yonville en compagnie des Homais et de Léon donne l'occasion à Emma d'opposer la platitude de Charles au charme du jeune homme. Elle comprend qu'elle en est amoureuse. C'est le lendemain que survient Lheureux pour lui proposer sa marchandise. Cependant les rapports d'Emma avec Léon sont désormais moins simples, son attitude est plus réservée, sa mine et son maintien se transforment. Son calme apparent cache, en fait, une douloureuse lutte intérieure entre des sentiments violents : amour pour Léon, orgueil de rester vertueuse, haine à l'égard de son mari.

CHAPITRE 6. *Emma et le curé. Départ de Léon.*

Un soir d'avril, l'angélus rappelle à Emma le souvenir de son couvent. La religion, peut-être, pourrait l'aider : elle se rend à l'église dans le dessein de confier son trouble au curé. Mais le dialogue entre elle et lui n'est qu'une suite de malentendus grotesques qui laissent la jeune femme aussi malheureuse. Léon de son côté s'enfonce dans la mélancolie. Il décide alors de partir pour Paris et vient faire ses adieux à Emma. Au cours de la soirée qui suit son départ, Homais annonce que des comices agricoles auront lieu dans l'année à Yonville.

CHAPITRE 7. *Rodolphe Boulanger.*

Le chagrin d'Emma s'apaise peu à peu mais les « mauvais jours de Tostes » recommencent. Elle a des malaises, se passe quelques fantaisies, achète par exemple une écharpe à Lheureux. Un jour de marché, à l'occasion d'une saignée à faire à un paysan, Rodolphe Boulanger, le nouveau châtelain de la Huchette, entre en contact avec les Bovary. Il trouve Emma très jolie. Célibataire et coureur de jupons invétéré, il décide aussitôt de la séduire.

CHAPITRE 8. *Les comices agricoles.*

A la mi-août, tout le village est en fête pour la solennité des comices. Rodolphe n'attendait que cette occasion pour faire sa cour à la jeune femme. Il s'arrange pour être seul avec elle et c'est ensemble qu'ils assistent à l'examen des bêtes, à l'arrivée des notables, et que, du premier étage de la mairie, ils entendent les discours officiels, auxquels il apporte le contrepoint de ses lieux communs séducteurs. Les discours sont suivis de la distribution des récompenses. La fête se termine par un feu d'artifice. M. Homais rendra compte des comices dans un article du *Fanal de Rouen*, dont il est le correspondant.

CHAPITRE 9. *La chute d'Emma.*

Aux premiers jours d'octobre, Rodolphe reparaît. Il joue d'abord la comédie du désespoir, puis de l'amant romantique et, Charles survenant, suggère pour la santé d'Emma l'exercice du cheval. Sur l'insistance de son mari, la jeune femme part donc un jour pour une promenade à cheval en compagnie de Rodolphe. Yonville dépassé, ils pénètrent dans une forêt. C'est là qu'Emma s'abandonne à son compagnon. Les rendez-vous des deux amants seront désormais quotidiens. Dans son exaltation, la jeune femme pousse même la hardiesse jusqu'à se rendre de bon matin, et chaque fois qu'elle le peut, au château de Rodolphe. Celui-ci commence à prendre peur.

CHAPITRE 10. *Évolution des sentiments d'Emma.*

Emma est d'autant plus gagnée par ces craintes qu'elle rencontre Binet au retour d'une de ses escapades matinales. C'est donc sous la tonnelle du jardin des Bovary qu'auront lieu les rendez-vous pendant tout l'hiver. Mais Rodolphe à la fin se lasse. Emma elle-même, à l'arrivée du printemps, bien que toujours subjuguée, prend conscience du sentiment douloureux qui l'étreint. Elle rêve à son enfance et dresse le bilan amer de son existence après la lecture d'une lettre naïve et charmante de son père. Il lui prend des accès de tendresse maternelle et elle voudrait revenir à son mari.

CHAPITRE 11. *L'opération du pied-bot.*

Sur la sollicitation d'Homais et d'Emma, Charles se laisse convaincre d'opérer de son pied-bot Hippolyte, le garçon d'écurie du Lion d'Or. L'opération se déroule bien, et Emma se prend à éprouver quelque tendresse pour son mari. Malheureusement les complications surviennent vite, la jambe d'Hippolyte se gangrène, et M. Canivet consulté doit pratiquer l'amputation de la cuisse. La déception est totale pour Mme Bovary. Humiliée d'avoir pu croire encore son mari capable d'être autre chose qu'un médiocre, ses dernières velléités de vie vertueuse disparaissent, elle se détache irrémédiablement de lui et retrouve Rodolphe avec ardeur.

CHAPITRE 12. *Projets de fuite.*

Sa passion pour son amant ne fait que croître désormais. Elle s'engage de plus en plus, donnant prise sur elle à Lheureux par les dettes qu'elle contracte pour offrir des cadeaux à Rodolphe. Celui-ci, incapable de comprendre cet amour, la traite sans façons. Il acquiesce pourtant à son projet de fuite ensemble, qui est enfin fixé au début de septembre. Tout est prêt, Lheureux une fois de plus a procuré le nécessaire et les amants se quittent à minuit l'avant-veille du départ. Mais Rodolphe sait déjà qu'il ne partira pas avec Emma et sa fille.

CHAPITRE 13. *La lettre et le départ de Rodolphe.*

Rentré chez lui, Rodolphe écrit une lettre à Emma pour justifier sa décision et la lui fait porter le lendemain à deux heures. La jeune femme comprend aux premiers mots et s'enfuit au grenier où, dans un vertige, elle a la tentation du suicide. Redescendue pour le repas, elle entend passer le tilbury de Rodolphe et perd connaissance. Une fièvre cérébrale la clouera au lit jusqu'au milieu d'octobre où, après une promenade dans le jardin, elle aura une rechute.

CHAPITRE 14. *La convalescence d'Emma.*

Lheureux, dont on apprend qu'il est un commerçant avisé et un usurier retors, se montre plus menaçant et plus arrogant. Charles, qui ne peut rembourser les dépenses engagées par sa femme, doit souscrire un billet et même lui emprunter de l'argent. Dans l'inaction de sa convalescence cependant, Emma reçoit des visites du curé et sombre dans la dévotion. Elle a des accès de mysticisme naïf, veut devenir une sainte, s'adonne à des lectures pieuses et qui l'ennuient et se livre à des charités excessives. Mais ces velléités ne durent que jusqu'au début du printemps. Un jour, après une conversation avec le curé sur la moralité du théâtre, Homais suggère aux Bovary d'aller à Rouen assister au spectacle. L'idée est mise à exécution dès le lendemain.

CHAPITRE 15. *Au théâtre.*

Les Bovary arrivés en avance ont tout le temps d'observer la salle, puis le décor. Évocation du ténor Lagardy et des effets de la musique sur Emma. A l'entracte Charles qui est allé chercher un rafraîchissement pour sa femme a rencontré Léon. Le clerc vient saluer Emma. Il a acquis plus d'aisance et, au café où il a emmené les Bovary, s'arrange pour faire rester la jeune femme un jour de plus à Rouen.

TROISIÈME PARTIE

CHAPITRE 1. *Les débuts d'une nouvelle liaison.*

Léon se rend à l'Hôtel de la Croix-Rouge où Emma est descendue. Un longue conversation s'engage, où les deux personnages s'exaltent en évoquant leurs rencontres à Yonville, leurs peines, leurs rêves. Le clerc obtient un nouveau rendez-vous pour le lendemain à la cathédrale et quitte la jeune femme après un long baiser. Emma dès son départ écrit une lettre pour se dégager de ce rendez-vous mais, ne sachant pas l'adresse de Léon, décide qu'elle la lui remettra elle-même.

Le lendemain, Léon se promène dans la cathédrale en l'attendant. Emma arrive enfin, lui tend un papier, se ravise, puis va s'agenouiller. Comme ils allaient enfin partir, le suisse s'approche et leur fait visiter le monument, à la grande impatience de Léon qui n'ose l'éconduire et subit sans broncher ses explications. Débarrassé de l'importun, il peut proposer une promenade en fiacre à Madame Bovary, et c'est une longue et suggestive traversée de Rouen en voiture fermée qui clôt le chapitre.

CHAPITRE 2. *La mort du père Bovary et la procuration.*

Emma est à peine rentrée à Yonville qu'elle doit passer chez Homais, dont elle trouve l'intérieur tout bouleversé : Justin, l'aide de l'apothicaire, a commis une faute grave, il a pris une bassine dans le « capharnaüm » où son maître range l'arsenic. Homais apprend enfin brutalement à Emma la nouvelle qu'il était chargé d'annoncer : son beau-père est mort. Le lendemain les deux époux, aidés de Mme Bovary mère, préparent les affaires de deuil. C'est alors que Lheureux se présente pour faire renouveler un billet et suggérer à Emma d'obtenir une procuration de son mari. Elle offre à Charles de se rendre à Rouen pour consulter le clerc de notaire sur cette question. Prétexte à un séjour de trois jours.

CHAPITRE 3. « *Une vraie lune de miel* ».

Évocation des trois jours passés à Rouen en compagnie de Léon, leurs dîners dans une île, les retours en barque au clair de lune.

CHAPITRE 4. *Visite de Léon à Yonville, ardeurs musicales d'Emma.*

Impatient de revoir sa maîtresse, Léon vient à Yonville. Il dîne au Lion d'Or et rend visite aux Bovary. Les deux amants décident de trouver un moyen de se voir régulièrement. Emma fait de nouvelles dépenses auprès de Lheureux. Elle s'arrange pour que son mari lui permette de se rendre une fois par semaine à Rouen pour y prendre des leçons de piano.

CHAPITRE 5. *Les jeudis d'Emma.*

Les départs d'Yonville au petit matin, la route, le panorama de Rouen, la ville qui s'éveille, la chambre douillette des rendez-vous, puis les retours et les rencontres d'un horrible aveugle, qui la trouble. Emma s'abandonne avec fougue à sa passion. Une alerte l'oblige cependant à prendre l'habitude de mentir pour tenir secrets les motifs réels de ses voyages. Mais Lheureux, un jour, l'aperçoit au bras de Léon. Il profite de la situation pour la pousser à vendre une propriété, après lui avoir demandé le remboursement de ses dettes et il lui fait signer de nouveaux billets. La situation financière du ménage est de plus en plus précaire et quand la mère Bovary dont on a demandé l'aide l'apprend, elle fait une scène qui provoque une attaque de nerfs de sa belle-fille. Rien pourtant n'arrête Emma qui même, un soir, reste à Rouen. Charles s'y rend en pleine nuit et ne la retrouve qu'à l'aube. Après cet incident, Emma ira désormais à la ville quand l'envie lui en prendra. Léon est de plus en plus subjugué.

CHAPITRE 6. *Déceptions.*

Un jeudi, Homais prend la diligence pour Rouen en même temps qu'Emma. Il veut y retrouver Léon qui l'avait un jour invité à revoir les lieux de sa jeunesse. Le clerc doit subir son bavardage pendant de longues heures sans oser s'en débarrasser. Emma, exaspérée, quitte l'hôtel où elle l'attendait. Elle se rend bien compte, alors, de tous les défauts de son amant et, bien que toujours avide de ses caresses, elle ne peut plus se cacher désormais l'alternative de déception et d'espoir que connaît sa passion affaiblie. Une menace de saisie la ramène à la conscience des questions matérielles. Lheureux lui fait signer de nouveaux billets, à échéances rapprochées. Il lui faut de l'argent : elle se fait payer des factures de son mari, vend de vieilles choses, achète dans l'intention de revendre, emprunte à tout le monde, engage même un cadeau de noces au Mont-de-Piété. Tout dans sa maison annonce la ruine et le laisser-aller... Léon, cependant, soucieux de respectabilité au moment de devenir premier clerc, est fatigué d'Emma et s'ennuie avec elle. La jeune femme en est aussi dégoûtée mais n'a pas le courage de le quitter. Un soir, en rentrant à Yonville après une nuit passée au bal masqué de la mi-carême, elle apprend la nouvelle de la saisie de ses meubles. Une visite à Lheureux ne fléchit pas le négociant, qui se montre brutal et cynique.

CHAPITRE 7. *La saisie.*

Madame Bovary se sent traquée. Le procès-verbal de saisie (un samedi), suivi le surlendemain de l'annonce de la vente, la contraint aux démarches les plus humiliantes. A Rouen d'abord où, le dimanche, elle n'essuie que refus de la part des banquiers et ne reçoit qu'une promesse vague de Léon (elle va même jusqu'à lui suggérer de voler à son étude). A Yonville ensuite, Me Guillemin le notaire la reçoit sans égards mais s'enhardit à lui déclarer une passion cachée, tandis que Binet, sollicité, s'esquive. Réfugiée chez la mère Rollet dans l'attente, vite déçue, de l'arrivée de Léon, elle a soudain l'idée de s'adresser à Rodolphe.

CHAPITRE 8. *Dernière démarche, et la mort.*

Emma est d'abord toute tendresse en retrouvant son premier amant. Mais Rodolphe ne peut lui donner les 3 000 francs qu'elle demande. Il ne les a pas. La jeune femme alors s'emporte et le quitte bouleversée. Dans sa souffrance, elle a des hallucinations. Elle court chez Homais, y avale de l'arsenic du « capharnaüm », puis rentre chez elle. Les premiers effets de l'empoisonnement se font vite sentir, Charles affolé ne sait que faire, Homais propose une analyse, et quand, après les adieux d'Emma à sa fille, Canivet puis le grand Docteur Larivière arrivent, ils constatent qu'il est impossible de la sauver. Après le dîner des médecins chez un Homais ébloui de tant d'honneurs, Madame Bovary reçoit l'extrême-onction. Elle meurt en entendant pour la dernière fois la chanson de l'aveugle, qui arrive à Yonville pour y prendre la pommade que l'apothicaire lui avait proposée.

CHAPITRE 9. *La veillée funèbre et la douleur de Charles.*

La douleur de Charles est immense. Il conserve à peine assez de bon sens pour ordonner les dispositions funèbres. Homais et Bournisien veillent la morte tout en discutant âprement de questions « théologiques ». Après l'arrivée de Mme Bovary mère, les visites et la toilette funèbre, la deuxième veillée commence. Homais et le curé disputent de nouveau entre deux sommes et Charles, éperdu, approfondit son désespoir. Puis Emma est mise en bière.

CHAPITRE 10. *L'enterrement.*

Le Père Rouault s'est évanoui en voyant les draps noirs. Obsèques religieuses, cortège funèbre dans une campagne printanière, inhumation, douleur du père et son départ. Ce soir-là, tandis que Rodolphe et Léon dorment, Charles veille en pensant à sa femme disparue.

CHAPITRE 11. *La fin de Charles.*

Tous les créanciers, alors, s'acharnent sur le pauvre Bovary. Félicité, la bonne, le quitte en emportant la garde-robe d'Emma. Léon se marie. Charles retrouve au grenier la lettre de Rodolphe. Il choisit un mausolée pompeux pour la tombe, et se brouille définitivement avec sa mère. Sa fille seule lui reste. Il découvre un jour toutes les lettres de Léon et ne peut plus douter de son infortune. Un jour du mois d'août il rencontre Rodolphe qui l'invite à boire au cabaret. Le lendemain, sa fille le retrouve mort sur le banc du jardin. Homais, lui, est comblé : « Il vient de recevoir la croix d'honneur. »

ROMAN PSYCHOLOGIQUE

• *Emma*

Une éducation inadaptée, source de toutes les désillusions. Le séjour au couvent des Ursulines de Rouen est déterminant pour Emma. C'est là que son imagination s'enflamme à la lecture des livres, à la contemplation des images de keepsakes, et dans la participation aux offices religieux. Mais elle ne retient de ces expériences que ce qui flatte sa nature, sans aucun esprit critique, sans acquérir le sens d'aucune discipline. La discipline, du reste, est « quelque chose d'antipathique à sa constitution ». « De tempérament plus sentimentale qu'artiste » (p. 64), elle n'aime la littérature que pour ses « excitations passionnelles » et l'église que « pour ses fleurs » (p. 67).

On comprend bien, dès lors, qu'à sa sortie du couvent, Emma ait pris la campagne en dégoût et se soit ennuyée aux Bertaux. Et c'est parce qu'elle s'est crue revenue de tout qu'elle a accepté d'épouser le premier venu. Tout le développement du roman est contenu dans cette situation initiale : une jeune fille rêveuse, exaltée par ses lectures et dont certaines attitudes trahissent déjà le déséquilibre, qui épouse un médiocre destiné à mener une vie médiocre.

Des idées plutôt que des faits. Les faits sont rares dans *Madame Bovary* et l'action dramatique fort discrète. Flaubert ne cherche pas à amuser son lecteur par des péripéties nombreuses, par des événements et des situations riches en rebondissements. Il s'est surtout attaché à la « biographie » de son héroïne, à ses sentiments, dont il présente l'analyse narrative par petites touches, attentif à montrer son évolution à travers une attitude, un mot, ou en adoptant, pour décrire, le point de vue même d'où elle voit la réalité. Attentif aussi à l'enchaînement de ces sentiments : « L'enchaînement des sentiments me donne un mal de chien, et tout dépend de là dans ce roman ; car je maintiens qu'on peut aussi bien intéresser avec des idées qu'avec des faits, mais il faut pour ça qu'elles découlent l'une de l'autre... » (lettre à Louise Colet, du 22 novembre 1852). Jusqu'au dénouement tout souligne en effet, avec une implacable rigueur, l'influence de son éducation et du milieu mesquin où elle vit, sur le caractère et sur l'existence de l'héroïne.

Sentiments faux. Plongée dans l'illusion par ses lectures, ses rêveries, Emma vit de sentiments faux. Elle a l'esprit assez positif pour s'en rendre parfois compte, mais l'orgueil, la faiblesse, et aussi la sottise, combattent l'amertume et la déconvenue et l'irritent ou l'exaltent davantage. Jeune pensionnaire déjà, elle avait cru arriver, au chagrin ressenti à la mort de sa mère, « à ce rare idéal des existences pâles, où ne parviennent jamais les cœurs médiocres » (p. 67). Mais en dépit de ses efforts, la tristesse s'était apaisée assez vite. Plus tard, lors de sa maladie, elle a « le sentiment d'une immense duperie » quand elle comprend que « l'atmosphère d'immaculation où elle voulait vivre » n'est pas faite pour elle. Elle n'en continue pas moins, dans « l'orgueil de sa dévotion », à se comparer aux « grandes dames d'autrefois » (p. 284). Douter de la réalité de ces sentiments serait reconnaître sa médiocrité.

Mensonge romantique. « Incapable... de croire à tout ce qui ne se manifestait point par des formes convenues » (p. 73), elle n'accorde de réalité qu'aux êtres de ses fictions, plus beaux, plus grands que nature. Son imagination est pleine d'enlèvements au clair de lune ou de vicomtes romanesques. Son mari n'existe plus pour elle dès qu'il lui apparaît contraire à ses modèles. Entre elle et l'objet de ses convoitises, il faut une médiation, et cette médiation est la littérature dont elle est imprégnée. Rodolphe qui se connaît en femmes l'a deviné tout de suite, qui lui débite pour la séduire les pires lieux communs d'un romantisme abâtardi.

Certes, le milieu où elle vit n'a rien de particulièrement attrayant. Emma est sans doute moins éprise d'absolu que de la « consommation de son cœur » et de ses sens ; on n'en comprend pas moins qu'elle se révolte contre la médiocrité. Mais elle n'aurait sans doute pas été aussi profondément déçue si elle ne s'était pas persuadée au départ et comme par système de l'insuffisance de l'existence, et qu'il fallût « à l'amour des terrains préparés, une température particulière ». Mais tout un côté passif de son caractère l'empêche de lutter pour conquérir un bonheur qu'elle s'imagine toujours dépendre uniquement de circonstances extérieures à elle. Sa faiblesse, qui se manifeste dès sa rencontre avec Charles, son laisser-aller, son incapacité à s'intéresser à rien de suivi, sont les conséquences de cette attitude.

Déséquilibre. Ses sautes d'humeur, ses caprices, la font passer sans cesse de l'exaltation à la torpeur. Elle est excessive en tout. Certes, mieux vaut l'excès que la prudence bourgeoise d'un Léon ou d'un Rodolphe. Mieux vaut la ferveur religieuse, même si elle frise « l'hérésie et même l'extravagance », que le positivisme obtus du curé Bournisien, et mieux valent les cinq derniers francs jetés à l'aveugle que le « voilà un sou, rends-moi deux liards » (p. 387) d'Homais. Malheureusement, cet excès révèle moins la nature vraie d'Emma que son déséquilibre profond. Elle est mal exaltée, mal religieuse, mal généreuse. Et la médiocrité l'emporte en fin de compte sur la noblesse des grands gestes et des grands sentiments rêvés.

● *Charles*

Le roman de Flaubert s'ouvre par l'arrivée du jeune Charles Bovary au collège. C'est lui qui, dès les premières pages, occupe notre attention. Emma ne sera vue, d'abord, qu'à travers lui et c'est en lui que le drame trouvera sa résonance la plus tragique après le suicide de la jeune femme. Précédant l'apparition de l'héroïne et lui succédant dans la mort, comme l'agent pitoyable du destin, c'est lui enfin que le romancier charge, à la dernière page, de prononcer le « grand mot » qui éclaire ses intentions : « C'est la faute de la fatalité » (p. 445).

L'éducation négligée d'un petit paysan. Comme pour Emma, Flaubert s'étend assez longuement aux premiers chapitres sur l'éducation de Charles. C'est par ces « préparations » que le personnage échappe au type pour acquérir, lui aussi, dans le roman, un peu de l'épaisseur de l'individu. Tiraillé entre des parents désunis, son instruction a été fort négligée. Entre ses courses vagabondes dans la campagne, qu'on devine heureuses, et les leçons dérisoires de son curé, son intelligence s'est moins développée que son corps. Le collégien gauche, mais appliqué et tranquille, qui manque totalement de la fantaisie de ses condisciples, n'est guère brillant. L'étudiant en médecine dépassé par ses études, sans curiosité, sans énergie et qui ne connaît de la ville que les cabarets, ne le sera guère plus. De « tempérament modéré », on sent bien qu'il ne fait qu'obéir aux désirs de sa mère, qui a de l'ambition pour lui.

Un homme sans caractère. Car Charles apparaît d'abord comme un faible, destiné à être dominé. Par sa mère d'abord, qui choisit pour lui sa première femme, et quelle femme !, par cette première épouse ensuite, qui le tient en lisières comme un enfant, par Emma enfin, qui le mène à sa volonté. Son absence de caractère est totale, allant jusqu'à la lâcheté lorsqu'il s'abstient de prendre la défense d'une domestique chassée par caprice, comique lorsqu'on nous le montre entre sa mère et sa femme, désireux de ménager l'une et l'autre sans pouvoir prendre parti : « Il respectait sa mère, et il aimait infiniment sa femme » (p. 72).

Un lourdaud. Quel mari pour Emma ! Il est à l'opposé de ses rêves de jeune fille : « Il n'enseignait rien, celui-là, ne savait rien, ne souhaitait rien. » Sa conversation est « plate comme un trottoir de rue » (p. 70). Il parle du reste très peu. Et puis tout dans son allure est mesquin. Il ne porte que de vieilles bottes, des gants déteints, ronfle la nuit et a des manies, comme celle de couper les bouchons des bouteilles vides, ce tic qui exaspérait si fort Flaubert.

Le bonheur bourgeois où il s'enfonce semble accentuer ses allures épaisses. Il engraisse, il « rumine son bonheur » (p. 60), et le soir il ne sait que s'asseoir « les deux mains sur son ventre, les deux pieds sur les chenets, la joue rougie par la digestion » (p. 151). Le ridicule du collégien se retrouve chez l'homme fait. La soirée au théâtre est révélatrice à cet égard. Dans de véritables scènes de farce, nous y voyons ce pauvre homme se démener comme un pantin pour trouver des billets, ne rien comprendre à l'opéra, et pour finir renverser un verre d'orgeat sur les épaules d'une Rouennaise. Léon en sera d'autant mieux accueilli par Emma.

Un incapable. Cette nullité, Charles en fait preuve aussi dans l'exercice de sa profession. Tant qu'il ne s'agit que de réduire une fracture simple, de saigner des paysans ou d'arracher une dent, il peut s'acquérir une réputation à peu de frais. Mais l'opération du pied-bot se révèle catastrophique, et le Docteur Canivet n'aura même pas recours à son aide pour l'amputation d'Hippolyte. Dans les grands moments d'ailleurs, il perd la tête et ne sait qu'appeler au secours, lorsque Emma s'évanouit au départ de Rodolphe (p. 274) ou quand il apprend qu'elle s'est empoisonnée (p. 407).

Un mari aimant et bafoué. Mais ce ridicule aime sa femme, d'un amour profond et sincère, encore que maladroit. Si seulement cet amour le rendait plus perspicace ! Il n'est pas homme à aller au fond des choses, hélas ! et ne comprend pas qu'il ne la rend pas heureuse, ne semble même pas se rendre compte qu'elle finit par le haïr, et se montre, là encore, ridicule dans son rôle de mari bafoué et qui va toujours au-devant de son infortune : « Charles écrivit à M. Boulanger que sa femme était à sa disposition, et qu'ils comptaient sur sa complaisance » (p. 213).

Une fin pathétique. Pourtant, en dépit de tout, Charles s'élève au pathétique à la mort de sa femme, et la profondeur de son désespoir lui confère même une sorte de grandeur. L'ironie du sort fait que la douleur même l'élève alors au-dessus de la médiocrité. L'émotion du grand Docteur Larivière en est le témoignage : « Et cet homme, si habitué pourtant à l'aspect des douleurs, ne put retenir une larme qui tomba sur son jabot » (p. 412). Sa fin est pitoyable, dans sa solitude désespérée : image d'une vie qui se défait, prédestinée à l'échec, dans l'indifférence et l'abandon de tous. Face à ce spectacle, la réussite d'un Homais est une insulte à la souffrance, même des médiocres.

ENQUÊTE SOCIOLOGIQUE

Flaubert avait appris la mort de Balzac durant son voyage en Orient. A-t-il pensé qu'il pourrait prendre sa succession ? En décidant de situer l'intrigue de son premier grand roman dans sa province, dans cette Normandie qu'il connaissait bien pour y être né et y avoir vécu, il pouvait en tout cas avoir le sentiment de continuer à sa manière l'œuvre de son illustre devancier. Comme Balzac s'était fait l'historien des mœurs de sa Touraine natale, il allait être, à son tour, l'observateur de celles de la Normandie, et son roman, sous-titré *Mœurs de province*, enrichirait la France littéraire d'une région supplémentaire et d'une autre humanité.

Géographiquement, le territoire est assez limité dans *Madame Bovary*. Y sont évoqués essentiellement le Pays de Caux (1re partie), puis Rouen et sa région (2e et 3e parties). Sociologiquement, l'enquête est plus large, embrassant à peu près toutes les couches de la société provinciale de l'époque, des paysans cauchois et yonvillois à l'aristocratie de la Vaubyessard ou au hobereau de la Huchette, en passant par la petite bourgeoisie paysanne et surtout commerçante de la région de Rouen.

• *Les paysans*

C'est par la ferme des Bertaux que nous pénétrons vraiment dans le monde des paysans. Elle est décrite avec ce luxe de détails auquel se plaît souvent Flaubert : bâtiments, instruments agraires, ameublement, qui attestent l'aisance du propriétaire. La noce, avec l'évocation des villages environnants de « Goderville, de Normanville et de Cany », élargit la perspective et place au premier plan la foule des paysans, dont les habits révèlent les positions sociales différentes, et dont les manières, la gaucherie, la façon de se nourrir, les jeux, les grosses plaisanteries suggèrent la vie rude et le caractère assez fruste. Les paysans d'Yonville n'en sont-ils pas, du reste, à craindre le mauvais sort pour une vache qui a de l'enfle ? (p. 158). Rien d'idyllique dans la campagne et les paysans de Flaubert. Il les connaît trop bien. Il est du pays, lui : « Tous les Parisiens voient la nature d'une façon élégiaque et proprette, sans baugée de vaches et sans ortie » (lettre du 17 décembre 1852). Son amour du vrai lui impose, comme à son héroïne, de ne pas se laisser aller pour en parler « aux envahissements lyriques de la nature » (p. 63).

• *Les aristocrates*

Le contraste est frappant, et d'abord pour Emma, entre ce monde des paysans et celui de l'aristocratie entrevu à la Vaubyessard. Là, dans ce château à l'italienne, avec sa serre chaude, son orangerie, ses écuries, tout est luxe, bonnes manières, élégances. La chère y est exquise, les convives raffinés. On ne semble s'y préoccuper que de voyages en Italie, de chevaux de course ou de billets doux. Les solides intérêts et l'arrière-plan politique ne sont pourtant pas absents du tableau puisque le bal est, en fait, un des éléments des manœuvres du marquis d'Andervilliers pour accéder à la Chambre des députés. La politique, nous la retrouvons à Yonville, à un niveau plus bas, avec les discours des comices et l'action d'Homais « qui rendit secrètement à M. le Préfet de grands services dans les élections » (p. 443).

• Un bourg normand sous la Monarchie de Juillet

Nous ne connaissons du village de Tostes que la maison des Bovary. Flaubert réservait pour Yonville et pour les deux dernières parties l'évocation complète d'un bourg normand. Situé au fond d'une vallée parcourue par une rivière, son site n'a rien de remarquable : « contrée bâtarde, où le langage est sans accentuation, comme le paysage sans caractère » (p. 106). Rien de saillant non plus dans sa topographie ou son architecture. On dirait que Flaubert s'est ingénié à le créer le plus commun possible, pour justifier - d'une part - l'ennui qu'on ressent à y vivre et pour en faire, d'autre part, le type parfait, sans caractère particulier, de tous les villages perdus au fond d'une province. Souci esthétique aussi : en choisissant la platitude, il se mettait au défi de prouver « qu'il n'y a pas en littérature de beaux sujets d'art, et qu'Yvetot vaut Constantinople, et qu'en conséquence l'on peut écrire n'importe quoi aussi bien que quoi que ce soit » (lettre à Louise Colet, du 25-26 juin 1853).

Agriculture et industrie. A l'écart pendant longtemps des grandes voies de communication, ce « bourg paresseux » où les terres sont mauvaises et les cultures coûteuses est resté stationnaire et voué surtout à l'élevage. Les comices, avec l'examen des animaux, les discours des autorités, les récompenses aux bêtes et aux domestiques, consacrent cette vocation agricole et constituent dans le livre un des grands tableaux où les mœurs de province s'étalent avec le plus de complaisance. Avec le plus de vérité aussi. Et Flaubert, toujours soucieux de se documenter sur place avec précision, avait pris la peine d'aller assister à un comice en 1852, ainsi qu'il le confie à Louise Colet : « J'avais besoin de voir une de ces ineptes cérémonies rustiques pour ma *Bovary* » (lettre du 18 juillet 1852).

Quelques signes du progrès tant exalté dans les discours se manifestent malgré tout dans la campagne normande et Flaubert s'en fait le témoin fidèle. Certaines cultures, comme celle du lin, se développent : « ... et le lin ; messieurs, n'oublions pas le lin ! qui a pris dans ces dernières années un accroissement considérable » (p. 198), et conséquemment une petite industrie : « ... à une demi-lieue d'Yonville, dans la vallée, une filature de lin que l'on établissait » (p. 144). Les progrès se marquent aussi d'une manière plus insidieuse, et pour Flaubert catastrophique (« L'industrie a développé le laid dans des proportions gigantesques », lettre du 29 janvier 1854), par les innombrables objets de série qui commencent à envahir tous les intérieurs : amours ou curé de plâtre, lithos, « statuettes chic Pompadour »... Binet, devant cette invasion, apparaît un peu comme le héros absurde de l'artisanat désintéressé, presque un artiste s'il pouvait faire rêver !

La vie du village. En dehors des solennités comme les comices, les événements sont surtout faits des grands moments de l'existence : noce, baptême de Berthe, enterrement d'Emma et ils sont à chaque fois l'occasion de réunions où le cidre et l'eau-de-vie échauffent ou endorment quelque peu les esprits. Mais la vie ordinaire est calme à Yonville, ponctuée seulement par le départ et le retour quotidien de la diligence ou par le marché du mercredi. Les modes ne pénètrent que lentement et surtout dans la petite bourgeoisie : plantes grasses de Léon et d'Emma, ou lecture de la toute nouvelle *Illustration*. Peu de distractions en dehors du billard de l'auberge, de la chasse pour Binet ou, pour Emma, des stations à la fenêtre, ce qui « en province remplace les théâtres et la promenade » (p. 176). Comment s'étonner, dès lors, que chacun soit épié, que les cancans aillent bon train, surtout par le fait de l'excellente Mme Tuvache, et que chaque fait : amputation d'Hippolyte, saisie puis mort d'Emma, devienne l'occasion d'un rassemblement sur la place du village ?

● *Rouen*

Bien que prétendant avoir peu l'amour du pays natal, Flaubert a dû prendre plaisir à évoquer Rouen dans *Madame Bovary*. Un passage d'une lettre à Bouilhet, même si le ton lyrico-épique en est tempéré par l'ironie, nous avertit assez de ce que pouvait représenter cette ville pour lui et son ami : « Je chante les lieux qui furent le théâtre aimé des jeux de ton enfance. Je suis en plein Rouen. » Et rien ne nous interdit de penser que la vision émue qu'a son héroïne du beau panorama de la ville n'ait pas été aussi, parfois, celle de l'auteur (p. 343).

Nous avions déjà eu un aperçu de la cité normande dans la première partie (pp. 29-30). Dans la troisième, le tableau s'amplifie, les détails s'accumulent. Les monuments se dressent dans notre imagination : le théâtre d'abord, puis la cathédrale avec son parvis ensoleillé, retentissant de cris, égayé par la fontaine et les fleurs ou encore, plus tard, plus sévère et massif, à la sortie des vêpres; puis les hôtels, celui de la Croix-Rouge, si pittoresque, ou l'hôtel de Bourgogne, plus douillet, sur le port. Les quartiers se dessinent, quartier Beauvoisine, quartier des théâtres, le port et ses chantiers avec le bruit des maillets, l'odeur du goudron et les gouttes grasses sur la Seine. Aucun nom de rue ne semble oublié. Avec une précision maniaque, Flaubert nous apprend que les héros se séparent « devant le passage Saint-Herbland », que Bridoux est établi rue Malpalu, ou que les bons « cheminots [1] » s'achètent rue Massacre. On dirait que pour lui le tableau ne peut être achevé qu'au prix du recensement des détails et des noms qui parlent à son imagination de Rouennais, pas forcément à la nôtre, mais qui nous donnent en tout cas l'impression de la véracité la plus scrupuleuse, même si nos références ne sont pas les mêmes que les siennes. Un autre passage de sa lettre à Bouilhet est significatif à cet égard, à propos des «cheminots » (voir *Madame Bovary*, p. 386) : « Il faut à toute force que les « cheminots » trouvent leur place dans la *Bovary*. Mon livre serait incomplet sans les dits turbans alimentaires, puisque j'ai la prétention de peindre Rouen » (lettre du 24 mai 1855).

---

1. « Ces petits pains lourds, en forme de turban, que l'on mange dans le carême avec du beurre salé » (3ᵉ partie, ch. VII, p. 386).

MŒURS DE PROVINCE
ET SATIRE DE LA BOURGEOISIE

Être bourgeois constituait aux yeux de Flaubert la plus grave des tares. Ses personnages lui étaient antipathiques, et son sujet le « dégoûtait » dans la mesure même où ils étaient « bourgeois ». Point n'est besoin pour lui d'appartenir à la classe sociale dominante (la sienne du reste) pour être flétri de cet infamant qualificatif; est bourgeois « quiconque pense bassement ». Du curé Bournisien, si obtus que certaines de ses paroissiennes sont aliénées par la religion médiocre qu'il leur prêche, au Conseiller Lieuvain qui vient débiter aux comices les mots d'ordre rassurants d'un gouvernement bourgeois, *Madame Bovary* offre une galerie de types qui en font une assez féroce satire de l'esprit du siècle. Esprit dominé par le lucre, la cautèle, l'égoïsme et dans tous les cas par le conformisme le plus plat. A part le Dr Larivière et Justin, il n'est pas un personnage qui ne s'exprime et ne se comporte par idées reçues, comme si Flaubert avait voulu illustrer par avance le *Dictionnaire* auquel il pensait au moment même où il écrivait son roman. (« Cette apologie de la canaillerie humaine sous toutes ses faces, ironique et hurlante d'un bout à l'autre, pleine de citations, de preuves (qui prouveraient le contraire) et de textes effrayants (ce serait facile), est dans le but, dirais-je, d'en finir une fois pour toutes avec les excentricités, quelles qu'elles soient [1] ».) Même si elle n'y échappe pas par beaucoup de côtés, Emma, grâce à ses aventures, sert de révélateur à cet esprit qui domine chez Rodolphe, Léon, Lheureux et surtout chez Homais, qui incarne le type le plus achevé du bourgeois vulgaire et satisfait.

• Rodolphe

Emma aurait bien dû se méfier en entendant M. Rodolphe Boulanger lui déclarer, après s'être débarrassé d'Homais et de Lheureux : « Pourquoi [...] se laisser envahir par les autres ? » (p. 187). Car si ce bel homme de trente-quatre ans, immédiatement séduit par sa grâce, sait lui débiter des propos fades, il n'a rien de l'amoureux de ses rêves, capable de tout sacrifier aux sentiments. Son expérience des femmes et son tempéra-

1. Lettre du 9 décembre 1852.

ment l'en éloignent. Pour lui, doté d'un solide « bon sens bourgeois », l'amour n'est qu'un « tas de blagues » et la conquête d'une femme, une simple affaire de stratégie.

Flaubert le dit « d'intelligence perspicace ». Il sait en effet comprendre l'état d'âme d'Emma, au moment de leur rencontre, pour mieux la séduire. Mais cette qualité a ses limites dans son bon sens même, et dans son expérience : « Il ne distinguait pas, cet homme si plein de pratique, la dissemblance des sentiments sous la parité des expressions » (p. 254). Il ne voit que comédie là où s'exprime une passion exacerbée. Il est épris, pourtant, mais, en bon bourgeois, l'exaltation l'effraie, il craint de s'engager trop avant. Et il prend sans doute la passion de sa maîtresse d'autant moins au sérieux qu'il veut pouvoir s'en détacher sans trop de remords, et justifier par avance la lâcheté avec laquelle il l'abandonne après ses promesses.

- *Léon*

Emma trouve Léon « charmant » surtout comparé à son mari et il sait dire des phrases « poétiques ». Mais au moral, en fait, il est le pendant, plus féminin, de Charles Bovary : « ... Mon mari aime sa femme un peu de la même manière que mon amant. Ce sont deux médiocrités dans le même milieu et qu'il faut différencier pourtant » (lettre du 15 janvier 1853). A Paris le « plus convenable des étudiants », économe à l'excès, pusillanime, prosaïque, c'est lui aussi un « tempérament modéré » et il manque absolument de personnalité. Plus mou qu'une femme, il se laisse complètement dominer par Emma : « Il ne discutait pas ses idées ; il acceptait tous ses goûts ; il devenait sa maîtresse plutôt qu'elle n'était la sienne » (p. 361). La peur de se compromettre et le désir de se conformer au modèle bourgeois dans l'intérêt de son futur état lui inspirent finalement l'ennui de sa liaison et l'envie de rompre. Mais il est trop faible pour s'y décider, et l'« absorption de sa personnalité » par celle d'Emma est trop complète. Se laissant, lui, « envahir par les autres » (le suisse, Homais), poltron, malléable, il représente assez bien le contraire du viril Rodolphe. Les deux hommes se rejoignent pourtant dans leur commune incapacité à aider la jeune femme au moment de la saisie, et dans leur sommeil commun au soir de l'enterrement : « Rodolphe, qui, pour se distraire, avait battu le bois

toute la journée, dormait tranquillement dans son château;
et Léon, là-bas, dormait aussi » (p. 435).

• *Lheureux*

Madame Lefrançois a défini Lheureux en deux mots : « C'est
un enjôleur, un rampant » après avoir appris à Homais qu'il
venait « d'assassiner " Tellier " de billets » (p. 186). La menace
qui pèse sur le destin d'Emma est tout entière dans ces paroles.
La jeune femme, malheureusement, n'entend pas cet avertis-
sement : elle se promène alors, un peu plus loin, au bras de
Rodolphe. Le marchand d'étoffes « poli jusqu'à l'obséquiosité », insinuant, flatteur, l'échine souple, est un personnage
redoutable. Ses apparitions dans la vie d'Emma semblent
réglées par une tactique et une science du cœur que son aspect
chafouin ne laisserait pas deviner : c'est le lendemain même
du jour où elle se rend compte de son amour pour Léon
qu'il se présente pour la première fois chez elle, le lendemain
du premier cadeau à Rodolphe qu'il dépose sa première fac-
ture, trois jours après l'avoir vue à Rouen au bras de Léon
qu'il entre dans sa chambre et lui propose de prendre une
procuration. Profitant de toutes les occasions, prêt à tous les
chantages, son activité lie intimement deux thèmes du roman :
l'adultère et le drame de l'usure. En intervenant toujours
aux moments où l'héroïne s'engage plus avant dans sa passion
coupable, et en lui permettant d'assouvir ses convoitises,
luxe et voluptés mêlés, il la précipite aussi toujours plus vite
à la ruine, et à la mort. Rien ne compte pour lui que l'argent.
Sa fortune, que les « Dames du Commerce » consacrent,
s'élève sur la ruine de Tellier et des Bovary, et l'on sent
qu'il ne s'arrêtera pas en si bon chemin, que le Lion d'Or
lui-même est menacé. Ce sont décidément toujours les plus
profonds coquins qui triomphent...

• *Homais*

Monsieur Homais est correspondant pour *le Fanal de Rouen*,
membre de la société d'agronomie et de la commission consul-
tative pour les comices d'Yonville. Il est apothicaire et se fait
la plus haute idée de son art. Il est toujours prêt à vous exposer
ses opinions, car il a des opinions. Grand lecteur de Voltaire
et de Rousseau - du moins il les cite -, le progrès n'a pas de

plus farouche défenseur que lui, ni le fanatisme, et l'Église, de plus féroce adversaire.

Il est un peu sans-gêne, et même envahissant, mais il est tellement désireux de s'occuper d'autrui ! C'est lui qui guide Emma pour le choix de son beurre ou de son cidre, et qui conseille la cuisinière « pour la manipulation des ragoûts et l'hygiène des sauces », et il a toujours un bon avis à donner, surtout quand il ne lui en coûte rien, car il est un peu avare.

Coiffé de son bonnet grec, amoureux de termes pompeux - « phlébotomie », « notre intéressant stréphopode » -, citant le latin et l'anglais à tous propos, maniant le subjonctif mieux qu'un Vaugelas, et toujours discourant, M. Homais est le dictionnaire incarné des idées reçues et de ce qu'il est convenable de faire et de dire dans toutes les occasions.

Malheureusement, sa conception des formes convenues ne relève que d'une morale bien étriquée et assez basse et fait de ce grotesque un imbécile. Dépourvu, quoiqu'il en pense, d'imagination et de perspicacité, il ne devine rien des intrigues amoureuses qui se nouent autour de lui, croyant Justin épris de Félicité, attribuant aux abricots tel malaise d'Emma, prétendant enfin que, chez Bovary, Léon courtisait... la bonne.

Tout imbu de préceptes mal assimilés, il se montre aussi inepte que Charles en proposant d'analyser le poison ingéré par Emma, au lieu de le lui faire rendre. Quant à ses conceptions de l'amitié, elles trouvent vite leurs limites : dans les intérêts et le sens pratique du commerçant. Son obséquiosité en effet ne vise qu'à faire oublier à l'officier de santé qu'il lui fait une concurrence illégale et déloyale en donnant des consultations dans sa boutique ; et lui qui a pourtant entraîné Charles dans l'opération du pied-bot, se tait piteusement devant les reproches de Canivet. A la mort d'Emma, il empêche ses enfants de fréquenter la petite Bovary « vu la différence de leurs conditions sociales » (p. 439), et il abandonne le pauvre veuf à son désespoir. Ce formidable imbécile donnera toute la mesure de sa scélératesse par la vindicte bête et méchante de ses articles contre l'aveugle. Qu'importe ? Les apparences sont sauves, son commerce florissant. C'est un ami de l'humanité, il jouit des faveurs de l'autorité et de l'opinion publique. Il ira loin peut-être.

L'art : techniques romanesques | 4 |

LES SCÈNES

• La durée

Les faits sont rares dans *Madame Bovary*, nous l'avons dit. Le sentiment de la durée, celui aussi de la monotonie de l'existence vécue par l'héroïne s'imposent ainsi à l'esprit du lecteur, surtout dans la première moitié de l'œuvre, consacrée aux préparations psychologiques de l'action proprement dramatique. Le roman ne se déroule pas comme une « péripétie développée », les temps forts ne sont pas constitués par le récit d'une action romanesque, mais par des tableaux ou de grandes scènes, qui viennent encore ralentir le lent écoulement du temps et la narration : bal à la Vaubyessard dans la première partie, dîner à l'auberge et surtout comices agricoles dans la deuxième, visite de la cathédrale dans la troisième.

• Le problème des proportions

Ces scènes, Flaubert les a travaillées avec un soin tout particulier, parfois pendant très longtemps, et il lui arriva d'entretenir ses correspondants des problèmes qu'elles lui posaient. Peiner pendant plusieurs mois pour écrire une scène qui ne dure que deux ou trois heures n'est pas trop grave, mais passer, dans un roman, de l'évocation d'une durée assez longue en deux ou trois pages à celle d'un temps beaucoup plus court en vingt ou trente pages, peut constituer un problème esthétique qu'un artiste aussi conscient que Flaubert n'a pas manqué de poser : celui des proportions entre récit et tableau, entre action et « exposition ». C'est au nom de la vérité psychologique qu'il se justifie, tout en gardant à l'esprit l'objection que la nouveauté de sa méthode lui impose :

« On porte vingt ans une passion sommeillante qui n'agit qu'un seul jour et meurt. Mais la proportion esthétique n'est pas la physiologique » (lettre du 21-22 mai 1853).

• *« Les effets d'une symphonie »*

Un autre passage de la correspondance au sujet du premier chapitre de la deuxième partie nous fait comprendre une autre des difficultés auxquelles s'est heurté Flaubert : « J'ai à poser à la fois dans la même conversation cinq ou six personnages (qui parlent), plusieurs autres (dont on parle), le lieu où l'on est, tout le pays, en faisant des descriptions physiques de gens et d'objets, et à montrer, au milieu de tout cela, un monsieur et une dame qui commencent (par sympathie de goûts) à s'éprendre un peu l'un de l'autre. Si j'avais de la place, encore ! Mais il faut que tout cela soit rapide sans être sec, et développé sans être épaté, tout en me ménageant, pour la suite, d'autres détails qui là seraient plus frappants » (lettre du 19 septembre 1852). Flaubert définit bien là une des caractéristiques de ses scènes, cette mise en place d'éléments nombreux et variés destinés à se fondre dans le même mouvement. Considérons de ce point de vue une autre scène encore que celle de l'auberge, celle des comices agricoles.

Cette scène est une des plus importantes du roman. Elle y occupe une place privilégiée : à peu près au milieu du livre (pages 182 à 209 dans un volume de 446 pages), elle constitue comme le pivot de la partie centrale, se trouvant au chapitre 8 de cette partie qui en compte quinze. Mais ce sont les intentions artistiques de l'auteur et sa place dans l'analyse narrative qui lui confèrent l'essentiel de sa valeur. Ici se justifie pleinement le mot de Flaubert à propos de son livre : « Si jamais les effets d'une symphonie ont été reportés dans un livre, ce sera là ! » (lettre du 12 octobre 1853).

• *Les comices*

La scène s'ouvre par une description d'Yonville en fête. Guirlandes de lierre, lampions, étendards, estrade, tout est prêt pour la solennité. Le pays se remplit de paysans qu'un détail caractérise : « la robe retroussée de peur des taches » ou le mouchoir sur les chapeaux dont les maris « tiennent un angle entre les dents » pour ménager leurs couvre-chefs.

L'impression de foule est rendue non par l'évocation du four-millement des corps mais par le mouvement des couleurs des habits, la « bigarrure éparpillée » des femmes relevant « la sombre monotonie des redingotes et des bourgerons bleus » des hommes.

Un ample dialogue place ensuite au premier plan Mme Lefrançois et Homais. C'est à ce dernier que reviendra le soin, à la fin, de résumer la scène, d'en reprendre en quelques lignes de rhétorique creuse tous les éléments sauf un, le plus important, le triomphe de Rodolphe sur l'héroïne. Ironie : lui qui est partout, qui s'agite tant et qui prétend tout savoir, n'est destiné qu'à rendre compte du plus super-ficiel et à constater « qu'aucun événement fâcheux n'est venu troubler cette réunion de famille » ! (pp. 208-209.)

Un thème est introduit par la conversation de l'apothi-caire avec la patronne du Lion d'Or, celui des dangereuses manœuvres de Lheureux. Le développement de l'intrigue en confirmera l'importance. Mais dans la scène, les paroles de Mme Lefrançois tombent pour ainsi dire dans l'oreille d'un sourd, Homais étant trop occupé de sa personne pour s'apitoyer autrement qu'en expressions « congruentes à toutes les circonstances imaginables » sur le sort de ses semblables. Par Lheureux, du reste, nous changeons de perspective. Des marches de la cuisine du Lion d'Or, l'auteur conduit notre regard - puis nos pas, car nous accompagnons Homais - vers les halles où se promènent Rodolphe et Emma.

Soliloque de Rodolphe intrigué par le manège de sa compagne, description de celle-ci - désirable parce que connue à travers le désir du jeune homme. Et à la faveur d'une pro-menade qui va nous faire voir par leurs yeux l'animation du pré et les bêtes du concours, Lestiboudois et son petit com-merce, puis l'arrivée des notables, s'engage un premier dialogue entre les deux protagonistes de la scène. Ce n'est d'abord qu'un simple badinage, une première passe d'armes par laquelle Emma s'enquiert avec curiosité de la vie de son compagnon et où celui-ci bat le rappel des thèmes de la mélancolie romantique. Ce dialogue évoluera dans une savante gradation lorsque les deux personnages se seront isolés au premier étage de la mairie. Là, les aveux de Rodolphe se font plus personnels, l'attaque plus directe. Emma lui répond, propose des objections jusqu'après la tirade sur les droits de la passion supérieure aux devoirs de la morale convenue (p. 197), où elle se tait. Elle ne sera plus désormais que mollesse et attente passive. Mais Flaubert suggère par d'autres moyens, plus subtils que les mots d'un dialogue, les sentiments de son héroïne et le trouble qui l'agite. Pendant plus de deux pages (198-200), le discours de Lieuvain s'interrompt. Mais nous sentons bien que si nous n'entendons plus les paroles du Conseiller de préfecture ce n'est pas parce que « sa voix se perdait dans l'air », c'est surtout parce qu'Emma a cessé de les écouter, parce que les phrases de Rodolphe continuent de retentir en elle, toute à son trouble. Ses regards errent sur la foule des hommes et des animaux, exposés au-dessous d'elle, et dont les postures grotesques démentent « l'intelligence profonde et modérée » si généreusement attribuée aux populations par M. le Conseiller. Les images et les bruits divers occupent son esprit que son trouble croissant rend incapable de suivre le fil du discours. Rodolphe s'étant rapproché et relançant la conversation sur un ton plus passionné, un vertige la gagne. Sa conscience est désormais dominée par ses sens. Les images du passé ressuscitent et se mêlent au présent grâce au parfum du séducteur, par un mouvement déjà proustien (p. 200); le visage de Léon lui apparaît à la vue de l'Hirondelle au loin. Alors tout se confond dans la sensation, le passé lointain et le passé plus récent, le vicomte et Léon, le souvenir du vertige de la danse et sa mollesse présente. Elle accuse tous les signes physiques d'un malaise imminent. Le mauvais moment passé, elle entend « la voix du Conseiller qui psalmodiait ses phrases » et de nouveau, avec le retour d'Emma à une conscience plus claire, nous revenons au discours.

Discours à double entente, du reste : « Continuez ! Persévérez ! n'écoutez ni les suggestions de la routine, ni les conseils trop hâtifs d'un empirisme téméraire » (p. 201). A qui s'adresse-t-il ? Aux paysans, bien sûr, et tous les détails qui suivent nous ramènent à la réalité la plus terre à terre, mais quelles résonances prennent-ils, ces impératifs, dans l'esprit de Rodolphe et d'Emma, qui ne pensent pas, eux, à l'amélioration « des races chevalines, bovines, ovines et porcines », mais bien à la transgression de la morale et à la « fatalité » de l'amour ?

Chaque fragment du discours forme un contrepoint

à la conversation des protagonistes, qui prend de plus en plus d'importance par rapport à lui, dialogue et description mêlés, à mesure que croissent émotion et désir. Il fournit à Rodolphe ses thèmes : « Des horizons s'entrouvrent » répond assez aux « désordres de l'atmosphère » (p. 196), de même le mot « devoirs » lui inspire son « Toujours les devoirs, je suis assommé de ces mots-là » (p. 197). Ou bien le discours sert aussi de contrepoint ironique aux paroles du séducteur, par un parallélisme dans l'expression : « Enfin, il est là, ce trésor que l'on a tant cherché... on en reste *ébloui*, comme si l'on sortait des ténèbres à la lumière » (p. 196). « Et qui s'en étonnerait, messieurs! Celui-là seul qui serait assez *aveugle*, assez plongé... dans les préjugés d'un autre âge pour méconnaître encore l'esprit des populations agricoles » (p. 196), ou au contraire par contraste, comme cette évocation des « sillons féconds des campagnes » qui suit immédiatement l'envolée lyrique sur « le paysage qui nous environne et le ciel bleu qui nous éclaire » (p. 197).

Ces effets burlesques de contrepoint atteindront leur plus grande efficacité aux pages 202-203, où Rodolphe, à qui Emma a cessé de répondre, semble pourtant engagé dans un dialogue serré, rapide comme la poussée de ses désirs, avec le Président des comices; dialogue qui mêle aux mots creux du séducteur arrivé à ses fins les paroles les plus basses et les noms les plus ridicules : « Soixante et dix francs, fumiers, ... bélier mérinos... race porcine. MM. Lehérissé et Cullembourg... » Juxtaposition saisissante de l'ordure et de l'expression fausse des sentiments, condamnation anticipée du séducteur et de l'adultère, dans ces mots qui éclatent comme autant d'injures et de termes de mépris. Un peu plus loin la fin du palmarès fait ressortir le même mouvement d'envol vers l'idéal suivi d'une retombée dans le prosaïsme le plus désolant : la main d'Emma est dans celle de Rodolphe « frémissante comme une tourterelle captive qui veut reprendre sa volée », puis « les grands bonnets des paysannes se soulevèrent, comme des ailes de papillons blancs qui s'agitent » (p. 203). La phrase suivante efface vite, par sa pesante brutalité, cette évocation d'un essor. Captive, Emma le restera, de son médiocre séducteur, de ses convoitises et d'un milieu qui parle de « Tourteaux de graines oléagineuses » quand elle rêve, naïve tourterelle, de grandes envolées lyriques et sentimentales...

Le désir parvenu à son paroxysme, les paroles sont inutiles. Les regards et l'union des mains suffisent pour tout dire (p. 203). Et la foule fait de nouveau irruption, pour la scène étonnante de la récompense à la servante où se rejoignent, sur l'estrade, bourgeois et paysans pauvres en la personne de Catherine Leroux, mais pour s'affronter dans un rapport de maître et d'esclave (pp. 203-205). Elle s'effacera de nouveau au paragraphe du banquet. Cette fois, la réalité devient quelque peu fantastique. Comme Emma, Rodolphe n'entend plus les conversations, « un silence s'établissait dans sa pensée » et il superpose comme elle les images de ses songes à celles du spectacle qu'il a sous les yeux : « Sa figure, comme en un miroir magique, brillait sur la plaque des shakos ; les plis de sa robe descendaient le long des murs » (p. 206). Il est amoureux...

Ainsi, sur le fond de la vie collective d'une communauté rassemblée se nouent les intrigues individuelles. Temps forts du roman, les grandes scènes marquent aussi les grands moments de la vie des personnages. L'action psychologique y est relancée : c'est après le bal à la Vaubyessard qu'Emma s'est détachée de plus en plus de son mari, après la scène de l'auberge qu'elle s'est éprise de Léon, après celle des comices qu'elle s'abandonnera à Rodolphe.

Dans ces scènes, Flaubert non seulement réunit tous les personnages principaux et secondaires du roman, mais encore pose des thèmes, des indications destinés à recevoir plus tard toute leur ampleur, et il use de toutes les techniques romanesques : dialogue, récit et description. Tout est lié dans une profonde unité qui embrasse la vie entière, hommes, bêtes et paysages mêlés, tout est emporté dans le même mouvement. On peut vraiment parler, en effet, d'une symphonie.

CONTRASTES ET CONTREPOINT. LE GROTESQUE

• *Contrastes*

Dans *Madame Bovary*, les personnages, les choses ou les situations s'opposent souvent par leurs caractères ou leurs qualités contrastés. Emma, par la grâce et l'élégance, est tout le contraire de la veuve Dubuc, la première femme de

Charles, et pour ses qualités de mère forme antithèse avec la bonne Mme Homais. Léon, qui ressemble à Charles, s'oppose fortement par son caractère timoré et presque féminin au brutal Rodolphe. Sa profession même de clerc de notaire le rend tout à fait étranger à la sphère d'activité du hobereau, et le cadre de ses amours, fiacre hermétiquement clos puis chambre douillette de Rouen, contraste avec la forêt automnale, lieu du premier abandon de la jeune femme et avec la tonnelle du jardin où Emma retrouvait Rodolphe à Yonville. Les tableaux même sont antithétiques : le dîner à la Vaubyessard est l'exacte contrepartie du repas de noces aux Bertaux, les rêves de Charles et d'Emma, rapprochés dans leur différence aux pages 259 et 260, révèlent l'abîme qui sépare les deux époux, et la réussite de Lheureux et d'Homais rend plus poignante la ruine totale de Charles. Il n'est pas jusqu'à certaines images qui ne se répondent en s'opposant termes à termes, par exemple les « papillons noirs » qui « s'envolent » quand Emma brûle son bouquet de mariée (p. 102) et les « papillons blancs » qui « s'abattent » quand, dans le fiacre, elle cède à Léon (p. 322).

● Contrepoint

Les effets de contrepoint que nous avons brièvement analysés à propos du chapitre des comices sont fondés eux aussi sur des contrastes, puisqu'on y trouve la juxtaposition de deux discours antithétiques, « les soupirs d'amour et les phrases d'administrateur », pour reprendre une expression de Flaubert. Le contrepoint « symphonique » est un des procédés constants de l'auteur dans *Madame Bovary*. Mais le plus souvent - et l'effet en est peut-être plus profond -, au lieu d'avoir deux conversations qui se croisent et dont les mots en se rapprochant se chargent de connotations inattendues, Flaubert juxtapose un discours à un sentiment, pour l'exacerber, ou à une rêverie, pour la faire avorter. Les exemples sont nombreux : supplice muet d'Emma au départ de Léon (p. 169), contrainte d'écouter les inepties d'Homais « fétide d'idée et de tournure », considérations hors de propos de l'apothicaire quand Emma perd connaissance après la fuite de Rodolphe, désir exacerbé de Léon impuissant à faire taire le suisse intarissable de la cathédrale, exaspération, encore, du

clerc que le bagou d'Homais empêche de rejoindre sa maîtresse (6, III), ou bien encore, interruption de la rêverie de
Mme Bovary, qui pensait, en voyant Léon, aux « lacs de
montagne où le ciel se mire », par l'exclamation d'Homais
dont le fils vient de se « précipiter dans un tas de chaux »
(p. 145). On dirait que les gêneurs et les imbéciles choisissent
pour se manifester les moments les plus graves, ceux où l'on
a besoin de la solitude et du silence, pour ramener l'âme au
spectacle de leur bêtise et à la conscience de la platitude de
l'existence : « Je veux qu'il y ait une amertume à tout, un
éternel coup de sifflet au milieu de nos triomphes, et que la
désolation même soit dans l'enthousiasme » (*Cor.*, 27 mars
1853). D'autres fois, ce sont les situations qui se présentent
dans un contrepoint ironique, comme lorsqu'on nous montre
le pharmacien triomphant, heureux de recevoir le Docteur
Larivière alors que Mme Bovary agonise, ou quand l'aveugle
vient chanter les petits couplets de Restif de la Bretonne au
dernier soupir de l'héroïne.

• *Le grotesque*

Le grotesque se trouve partout dans le roman, dans certaines
descriptions d'objets ou de personnes, dans les conversations,
dans les attitudes, mais les contrepoints que nous venons
d'évoquer sont peut-être le procédé le plus efficace pour mettre
en valeur les ridicules et les bassesses de la vie et des humains.

Le grotesque est l'instrument privilégié de la satire de
la petite bourgeoisie dans *Madame Bovary*, mais il représente
plus encore pour Flaubert. Il est profondément lié à son
tempérament : « Le grotesque triste a pour moi un charme
inouï ; il correspond aux besoins intimes de ma nature bouf-
fonnement amère » confiait-il à Louise Colet (lettre du
21-22 août 1846). Antidote du lyrisme auquel Flaubert
rêvait aussi de s'abandonner - car il voyait « deux bons-
hommes » en lui -, il permet à l'artiste d'évoquer les faits « au
point de vue d'une blague supérieure », comme il voulait
qu'on le fît (lettre du 8 octobre 1852). Ainsi, sans intervenir
personnellement dans son œuvre, simplement en donnant à
voir et en laissant au lecteur le soin de conclure, il exprimait
et sa nature et sa vision du monde : « L'ironie pourtant me
semble dominer la vie. »

LA DESCRIPTION

• *Le calme des choses et l'indifférence de la nature*

Inertes, privés de sentiment, les objets du monde extérieur sur lesquels se pose notre regard, quels rapports ont-ils avec notre conscience, avec nos rêveries, nos passions, nos projets? Quel sens ont-ils? Sont-ils liés à notre histoire, et comment?

Leur calme, leur existence immobile de choses sans âme parfois nous étonne quand en nous le mouvement et la vie surabondent. Emma en fait l'expérience, après sa vaine conversation avec le curé. Elle a regagné sa chambre et retrouvé ses meubles familiers et « vaguement s'ébahissait à ce calme des choses, tandis qu'il y avait en elle-même tant de bouleversements » (p. 161). En d'autres circonstances, au contraire, le monde extérieur semble s'opposer à nous par sa vitalité et sa gaieté, mais toujours, en tout cas, par la même indifférence à ce que nous ressentons. C'est ainsi qu'à la troisième partie (p. 432), dans la scène de l'enterrement, un frais paragraphe descriptif évoquant « toutes sortes de bruits joyeux » et de couleurs claires contraste ironiquement avec le désespoir de Charles.

Mais en dépit de son calme et de son indifférence, le monde extérieur existe et ne se laisse pas oublier, toujours prêt à prouver sa réalité et à faire irruption, de toute façon, dans notre destin. Son immobilité peut s'avérer pleine de traîtrise, et Emma l'éprouve vite quand sa fille se coupe la joue à la patère de cuivre, au pied de la commode, et que le cordon de la sonnette se casse dans ses mains au moment où elle veut appeler de l'aide (p. 161). La gaieté de la matinée printanière, d'autre part, qui nous semble tourner en dérision le chagrin de Charles, ne lui est pas aussi étrangère que le contraste le suggère, puisqu'elle lui fait revivre en pensée d'autres matins de son existence et se lie ainsi, par le souvenir, à son histoire.

Toutes les descriptions de Flaubert dans *Madame Bovary* démontrent cette réalité irréfutable des choses et leurs liens avec le caractère et le destin des personnages qui les approchent et les perçoivent. Longues ou courtes, elles ne sont jamais gratuites.

• Décors

Les décors ne sont pas des toiles de fond muettes. Ils révèlent la personnalité et la vie des êtres. Retenons, pour nous en convaincre, trois descriptions d'intérieurs, celle de la salle du Père Rouault (p. 37), celle de la chambre de la nourrice (p. 133), celle de la salle à manger du notaire (p. 389).

L'auteur décrit la salle des Bertaux où Charles descend après avoir fait son pansement au vieux paysan, à la suite de la présentation de la ferme. Celle-ci (p. 35) donnait une impression d'aisance, que des adjectifs, banals en eux-mêmes, soulignaient par leur convergence : les chevaux étaient « gros », les râteliers « neufs », le fumier « large », la bergerie « longue », la grange « haute », les charrettes « grandes », les équipages « complets ». Les chiffres pairs, deux charrettes, quatre charrues, cinq ou six paons, marquaient l'ordre et l'équilibre, renforcés par l'adverbe « symétriquement ». Dans la salle, ce qui frappe d'abord le regard, ce sont les couverts et les timbales d'argent, puis le « grand » lit, recouvert d'indienne, et la « haute » armoire, qu'on sent pleine et qui dégage une odeur agréable. Détail d'abord insolite au milieu de ces beaux meubles, mais à la réflexion bien à sa place pour rappeler et la saison et les activités du maître de maison : les sacs de blé. Ils révèlent encore la richesse, et non le désordre : ils constituent le « trop-plein » du grenier, et sont bien rangés dans les angles. Une note inattendue et touchante est donnée par le dessin encadré. Même si les lettres gothiques, quelque peu prétentieuses, ne s'accordent guère avec la naïveté de la dédicace et avec le sujet grec de la tête de Minerve, on sent pourtant dans cette œuvre placée « au milieu du mur », et qui a au moins le mérite de n'être pas une vulgaire reproduction industrielle, à la fois la fierté d'un père et l'affection d'un enfant. Ainsi, à travers la description des lieux, Flaubert poursuit le portrait de l'héroïne et de son père, laisse deviner quelque chose de son passé, de ses études, l'absence d'une mère, et dans la volonté d'orner un décor assez banal sans doute mais non dépourvu de dignité, un peu des rêves d'élégance d'Emma Bovary.

La chambre de la nourrice, dans laquelle vit la petite Berthe, est loin d'avoir la même netteté que la salle des Rouault. On y retrouve le lit, mais « sans rideaux » et sans

indienne; une image, mais « découpée à même quelque pros-
pectus de parfumerie », non encadrée et clouée sans grâce au
mur, avec les pointes, sans doute, du menuisier maître de
céans. Le pétrin, le lavoir, la cheminée occupent la même
pièce que le lit et semblent en constituer le seul ameublement, et une bouteille d'huile mal fermée voisine avec des
brodequins. Tout atteste non seulement la pauvreté, mais
aussi le laisser-aller et le désordre, la vitre cassée comme
les objets hétéroclites et usés qui traînent sur le dessus de la
cheminée jamais essuyé. Mais ce n'est pas le goût d'un
réalisme sordide et gratuit qui a inspiré un tel décor à Flaubert. La description, ici, est un réquisitoire. Non pas tant
contre la mère Rollet que contre les bonnetiers de Rouen
qui abandonnent là leur fils et sacrifient la santé de leur
marmot aux profits de leur négoce, non pas tant contre la
négligence d'une pauvre femme que contre l'insouciance
égoïste d'Emma. Celle-ci et son compagnon sentent bien, du
reste, l'incongruité de leur présence dans un tel lieu, et la
rougeur de la jeune femme « en robe de nankin tout au milieu
de cette misère » est le signe, sans doute, d'un accès de honte
éphémère.

Par la salle à manger du notaire, Flaubert nous fait
pénétrer dans le milieu de la bonne bourgeoisie d'Yonville.
Emma y retrouve, dans le cactus, « la manie des plantes
grasses » (p. 142) qu'elle partagea avec Léon aux premiers
temps de leur idylle. La table servie et les deux réchauds
d'argent font penser à la « petite table » chez le Père Rouault,
avec ses deux couverts et les timbales d'argent, où l'héroïne
et Charles avaient partagé leur premier repas. Mais Maître
Guillemain, chez lui, mangera et boira devant elle sans jamais
songer à rien lui offrir. Le confort et l'aisance s'étalent pourtant assez complaisamment dans la matière même des objets
qui l'entourent : argent, porcelaine, cristal, tenture de papier
de chêne, et dans les inévitables cadres, au nombre de deux
pour faire bonne mesure, dont les sujets caractérisent le
goût de l'époque. Les verbes d'action eux-mêmes, plus
nombreux relativement que dans les deux descriptions
précédentes où dominaient les auxiliaires et les présentatifs,
ajoutent à l'impression de plénitude. Décor propre, confor-
table et assez riche mais sans véritable élégance et sans personnalité, à l'image du notaire, la salle à manger inspire pour-

tant à Emma une phrase bien révélatrice de ses convoitises et de son inconscience au moment où elle est aux abois : « Voilà une salle à manger, pensait Emma, comme il m'en faudrait une » (p. 390).

La description, donc, révèle les personnages, ceux au moins qui sont liés aux décors et aux objets évoqués. Flaubert a bien retenu, en cela, la leçon balzacienne. Mais il va plus loin. Il se tient en effet toujours derrière ses personnages, ne nous montrant généralement que ce qu'ils voient (on trouverait chez lui des exemples de descriptions tellement minutieuses qu'il est impossible de penser que ses personnages ont pu voir tout ce qu'il décrit, mais ces passages sont rares). Si bien que les descriptions suggèrent surtout les préoccupations de ceux qui projettent leurs sentiments sur le monde extérieur.

• Le monde vu par les personnages

Nous avons rencontré des exemples de telles descriptions dans le chapitre des comices. De brèves analyses de trois paragraphes montrant Yonville vu par trois personnages différents, dans des circonstances différentes, nous feront mieux comprendre le procédé.

A la page 214, Emma part pour sa promenade à cheval avec Rodolphe. Elle s'est abandonnée, déjà, à « la cadence du mouvement qui la berçait sur la selle », et quand elle se retourne, sur la hauteur, toute la vallée s'estompe dans le brouillard. Par moments, elle peut distinguer des détails, elle cherche à reconnaître sa maison, puis elle songe que « jamais ce pauvre village... ne lui avait semblé si petit ». Alors le paysage se transfigure, sous l'action des nuées qui donnent à la vallée l'aspect d'un « immense lac pâle », mais l'image est trop proche des rêveries vagues de la jeune femme pour ne pas révéler, au fond, son désir de substituer à la triste réalité qu'elle vient de quitter, l'univers de ses rêves bleus. C'est elle autant que le brouillard qui ne veut plus nous laisser voir, petite Don Quichotte sur le chemin de l'aventure toute proche, que des rochers noirs et des grèves là où se trouvent en réalité des massifs d'arbres.

Tout autre est Yonville revu par Léon après son séjour à Paris et en possession d'une belle maîtresse. En lui se mêlent

« vanité » et « attendrissement égoïste » mais sans doute n'éprouve-t-il aucune joie à revoir le village qu'il avait fini par détester. Ce sont ces sentiments-là et aussi la nature très peu contemplative du jeune clerc, que trahit la vision étriquée et banale qu'il en a : « Lorsque, du haut de la côte, il aperçut dans la vallée le clocher de l'église avec son drapeau de fer-blanc qui tournait au vent, il sentit... » (p. 338).

Quant au Père Rouault, Yonville, dans le contre-jour du soir, n'est pour lui qu'« un enclos de murs où des arbres, çà et là, faisaient des bouquets noirs entre des pierres blanches » (p. 435). Il avait rencontré sur son chemin « trois poules noires qui dormaient dans un arbre » (p. 429), il a vu lors de l'enterrement « le drap noir, semé de larmes blanches » (p. 432). Les couleurs funèbres continuent de s'imposer à son regard et commandent sa vision même. Il ne pouvait voir à l'horizon que ce blanc et ce noir, et cet enclos où il cherchait peut-être le cimetière où sa fille reposait.

• Une nature animée

Faisant plus que de se projeter sur le monde extérieur, les sentiments peuvent, dans leur force, lui donner une vie et une âme, par un mouvement inverse de celui que nous avons analysé au début de ce chapitre. On n'est pas loin alors d'une esthétique expressionniste. C'est ainsi que chaque élément de la cathédrale de Rouen semble animé par Léon d'une volonté transfiguratrice au service d'un amour idolâtre : « Les voûtes s'inclinaient pour recueillir dans l'ombre la confession de son amour; les vitraux resplendissaient pour illuminer son visage, et les encensoirs allaient brûler pour qu'elle apparût » (p. 316); ainsi encore le beau paragraphe de la page 217, qui suit le « elle s'abandonna », bien que purement descriptif, ne nous laisse rien ignorer des sentiments et des sensations de l'héroïne, dans la fusion de son âme avec la nature. Associée aussi étroitement aux moindres sentiments des personnages, la description raconte et analyse autant que le récit. Elle peut se substituer à lui, parfois, ou à tout le moins constituer un second récit souterrain, et les objets devenir de véritables symboles.

- *Objets symboliques*

Les objets occupent une place importante dans *Madame Bovary*, non pas tant par l'usage qu'en font les personnages que par leur rôle symbolique. D'abord ils caractérisent ceux à qui ils appartiennent. En ce qui concerne Charles, par exemple, sa casquette minutieusement décrite « dont la laideur muette a des profondeurs d'expression comme le visage d'un imbécile » (p. 22) est l'image de sa stupidité et de son incapacité à rien comprendre aux élégances. Quant à son couteau (Léon et Rodolphe ont un canif, eux, voir pages 135 et 218), Emma y verra la marque de sa rusticité (p. 145).

La façon dont on traite les objets est également révélatrice des sentiments. La veuve Dubuc avait placé son bouquet de mariée dans une carafe, sur une commode. Geste naïf, et d'un goût assez douteux, mais qui n'en montre pas moins le prix qu'elle accordait à son mariage. Emma, elle, oublie le sien dans *un* tiroir. Quand elle le retrouve (à la fin de la première partie), elle s'y pique les doigts : nouvelle peine infligée à l'épouse par le mariage, par le symbole même du mariage. Les fleurs poussiéreuses et les rubans effilochés disent assez, pour leur compte, et la négligence où Emma s'est laissée aller et la perte de ses illusions de jeune fille. En le jetant dans le feu, c'est toute une partie de sa vie qu'elle pense renier, au moment de quitter Tostes.

L'histoire des hommes peut se lire dans l'histoire des choses, même les plus insignifiantes. Un autre exemple est d'autant plus frappant que l'objet accompagne les protagonistes dans leur évolution psychologique, au moins dans la première partie. A la page 58, Flaubert signale l'existence d'un curé de plâtre dans le jardin, au fil de sa description du jardin de Tostes. A la page 97, nous le revoyons, au moment où Emma, déçue, se laisse envahir par l'ennui et le découragement. Mais il a bien changé, comme les pensées de la jeune femme; il a perdu un pied et il a « des gales blanches sur sa figure ». Il disparaît, comme le bouquet de mariée, avec le déménagement à Yonville, « écrasé en mille morceaux » (p. 127). La vie paisible de Tostes est bien finie pour Charles, qui éprouve des ennuis d'argent. Avec le bris de la statuette, c'est la ruine du ménage qui s'annonce, symboliquement.

PERSONNAGES SYMBOLIQUES

- *Binet*

Binet, Hippolyte et l'aveugle ne sont que des comparses. Mais ils ont une importance dans la trame du roman, en y jouant le rôle de symboles. Binet, ancien militaire, percepteur et capitaine des pompiers d'Yonville, a la régularité et la roideur d'une mécanique sans âme. C'est lui qui a surpris Emma au retour d'une de ses visites matinales à Rodolphe. Heureusement pour elle, il « ne se mêlait jamais des affaires d'autrui » (pp. 235-236). Il n'en représente pas moins pour Emma comme un reproche muet, que le ronflement monotone de son tour matérialise et étend sur le bourg tout entier. C'est ce tour qui produit le vertige de suicide de Mme Bovary après le départ de Rodolphe, « comme une voix furieuse qui l'appelait » (p. 272). C'est encore le tour qu'elle entend le jour de sa mort, et le rouet de la nourrice, qui l'exaspère, en est le substitut.

- *Hippolyte et l'aveugle*

Hippolyte et l'aveugle ne sont pas, eux, du monde des bourgeois. Ce sont les petits, les miséreux, sur qui on essaie, dans l'espoir d'en tirer profit et gloire, une opération ou une pommade « antiphlogistique », l'une et l'autre du reste parfaitement inefficaces. Mais ils révèlent par leur présence l'incapacité de Charles (**Hippolyte** : « le reproche personnifié de son incurable ineptie », p. 330) et d'Homais (**L'aveugle** : « Homais, lorsqu'il allait à la ville, se dissimulait derrière les rideaux de l'Hirondelle, afin d'éviter sa rencontre », p. 439). On sait comment l'apothicaire saura se débarrasser de ce témoin gênant pour sa réputation.

L'aveugle a une fonction plus importante encore par rapport à Emma. La jeune femme le rencontrait au retour de chacun de ses rendez-vous à Rouen, et sa voix rauque la poursuivait et la jetait à chaque fois dans un trouble profond. Il finit par devenir pour elle une figure, impressionnante, du destin et de la damnation du pécheur. Elle meurt en effet en l'entendant, lorsqu'il vient chanter jusque sous les fenêtres de sa chambre de mourante : « Emma se mit à rire, d'un rire atroce, frénétique, désespéré, croyant voir la face hideuse du misérable, qui se dressait dans les ténèbres éternelles comme un épouvantement » (p. 418).

LE DIALOGUE

- *Place et importance du dialogue*

Flaubert n'aimait pas le dialogue dans le roman. Il est relativement rare dans *Madame Bovary*, dans la première partie surtout. Sa place et son importance restent subordonnées à l'architecture d'ensemble de l'œuvre et au mouvement des scènes. Au besoin l'auteur n'hésita pas à remplacer par un passage au style indirect un morceau de dialogue qui n'aurait ni le rythme ni les proportions souhaités. Nous savons par ses lettres qu'il en fut ainsi pour un fragment qui précédait la grande scène du chapitre 9 de la 2e partie (voir la lettre du 2 janvier 1854).

- *Les incises*

Pour Flaubert il était « très canaille » de remplacer dans un dialogue les incises par des barres. Le refus de cette facilité lui imposa parfois des efforts accrus pour éviter des répétitions, comme dans le dialogue d'Emma avec le curé (pages 157 et suiv.), d'autant plus soigné que le contenu en est grotesque (voir la lettre du 13-14 avril 1853). Mais les incises elles-mêmes peuvent conférer à l'échange des répliques un caractère légèrement comique, comme dans certains contes de Voltaire. Le meilleur exemple en est, dans *Madame Bovary*, à la page 395, où le jeu des « dit Mme Tuvache, objecta sa voisine », puis « dit Mme Tuvache, reprit Mme Caron » marque par son mécanisme répétitif le caractère mesquin et banal des propos des deux commères. Mais la méfiance de Flaubert pour les tirets n'est pas absolue. Que l'échange des paroles se fasse plus vif sous l'empire de quelque sentiment, que les reparties soient plus courtes, et l'incise disparaît.

- *Le style du dialogue*

Un autre problème se posait à Flaubert : « Comment faire du dialogue trivial qui soit bien écrit ? » (lettre du 3 septembre 1852). Les personnages sont des paysans ou des « gens du dernier commun ». S'il transcrit leur discours tel qu'il est censé l'entendre, avec leurs normandismes, leurs expressions communes voire incorrectes, il obtient un langage vrai et pittoresque, mais trivial et mal écrit, qui jurerait avec le tissu tellement soigné de son style narratif. Si au contraire il attribue à ses personnages un style académique et même élégant, il s'éloigne de la réalité et risque de manquer une des qualités maîtresses à ses yeux d'un dialogue : le caractère. Le Balzac des *Paysans* ou la George Sand des romans champêtres avaient proposé leurs solutions à ce problème. Flaubert est bien conscient que là n'est pas son idéal et qu'il doit atteindre à un autre moyen d'expression : « Peindre par le dialogue et qu'il n'en soit pas moins vif, précis et toujours distingué tout en restant banal, cela est monstrueux et je ne sache même personne qui l'ait fait dans un livre » (lettre du 30 septembre 1853). C'est comme il le dit « dans le style de la comédie » qu'il écrit donc ses dialogues, s'ingéniant à peindre un type plus qu'un individu dont la langue serait trop marquée par son vocabulaire et sa syntaxe particulière, type qui parle surtout par lieux communs, et dont le caractère est d'exprimer pour ainsi dire synthétiquement moins une réaction personnelle et originale que l'attitude d'un groupe humain ou d'une classe en face de la vie.

• Le vide des conversations

Rien de saillant, rien que de prévu dans la première conversation d'Emma et de Léon, à laquelle s'entrelace celle de Charles et d'Homais (p. 120). C'est « une de ces vagues conversations où le hasard des phrases vous ramène toujours au centre fixe d'une sympathie commune » (p. 123). On dirait que les répliques sortent d'un manuel de phrases toutes faites pour briller en société. Quant à Rodolphe, le langage n'est qu'un instrument de sa stratégie amoureuse. Il dit et il fait le contraire de ce qu'il pense (voir par exemple les pages 215 et 217). Il n'y a pas de véritable échange d'idées et de sentiments vrais dans la conversation. Plus tard, qu'elle cause avec le curé ou qu'elle affronte Lheureux ou le notaire, Emma ne se heurte qu'au malentendu et à l'incompréhension. A la limite, le dialogue se réduit au monologue, comme à la fin du chapitre 13 de la deuxième partie, où le bavardage incongru d'Homais ne reçoit jamais de vraie réponse de Charles, qui du reste n'écoute pas.

Mais, aussi insignifiants soient-ils, certains dialogues, quand ils sont en contrepoint, peuvent avoir un retentissement dans l'âme de l'héroïne. On dirait même qu'ils ne sont rapportés que parce qu'ils sont perçus par Emma (de même que le monde n'est vu qu'à travers les personnages), qu'ils n'ont d'autre intérêt que d'amplifier et de dévoiler les sentiments de celle qui, muette, les entend. Il en est ainsi de l'épisode de Binet chez le pharmacien (pp. 225-226) où le mot « vitriol » se charge d'une obscure menace pour qui, comme Emma, vit dans la crainte de voir sa liaison découverte et où la phrase sur l'humidité de l'air, « il y a des personnes qui s'en arrangent », met la jeune femme, qui « tressaille », à la torture. De même, l'inepte conversation entre Charles et Homais, à la fin du chapitre 6 de la deuxième partie, n'a d'autre fonction, semble-t-il - outre celle d'annoncer les comices -, que d'aggraver l'angoisse de Mᵐᵉ Bovary, qui « soupire », qui « tressaille » en entendant parler de la vie que mènera à Paris Léon, qui vient de la quitter.

En fait, quand les sentiments sont forts et le trouble profond, le dialogue disparaît du roman, comme au début (p. 45), ou au chapitre 3 de la 2ᵉ partie (p. 136), ou dans la scène des comices que nous avons analysée. Alors, comme le dit joliment Mᵐᵉ Gothot-Mersch, « c'est parce que le dialogue est vide que nous sentons que les cœurs sont pleins [1] ».

L'IMPERSONNALITÉ

Ce qui semble avoir le plus frappé les contemporains dans *Madame Bovary* c'est, nous l'avons vu, le caractère impersonnel de l'œuvre de Flaubert. Est-ce à dire que l'auteur était incapable d'émotion ? Sa correspondance nous prouve le contraire et sa vie nous le confirme. Ce bon géant était un émotif, que le moindre bruit pouvait bouleverser jusqu'au malaise et l'écrivain en lui n'était pas moins hypersensible. Il pleure de joie quand il trouve l'expression juste (voir la lettre du 24 avril 1852), et tout le monde connaît par ailleurs sa fameuse réponse à l'enquête de Taine, le goût de l'arsenic qui lui était resté dans la bouche au moment où il décrivait

1. *La genèse de « Madame Bovary ».*

la mort de son héroïne et les deux indigestions consécutives à ses efforts d'imagination (lettre de la fin novembre 1866).

Si Flaubert est absent de son œuvre, ce n'est donc point, bien entendu, parce qu'il est dépourvu d'émotion. C'est qu'il voulait très consciemment qu'il en fût ainsi, et cela dès le moment où il s'est mis à écrire son roman : « Autant je suis débraillé dans mes autres livres, autant dans celui-ci je tâche d'être boutonné et de suivre une ligne droite géométrique. Nul lyrisme, pas de réflexion, personnalité de l'auteur absente » (1er février 1852).

• Une philosophie

Il le veut pour plusieurs raisons. Par philosophie d'abord. Tous les objectifs se valent. « L'histoire d'un pou peut être plus belle que celle d'Alexandre. » La créature la plus insignifiante peut avoir son intérêt, tout dépend de l'exécution. De quel droit jugerions-nous un motif indigne de l'art ? Au nom de quel système ? Il faut énoncer les faits tels qu'ils sont, sans chercher à prouver quoi que ce soit, sans juger, sans exposer ses idées. L'œuvre d'art est une seconde nature et le lecteur devra être saisi devant elle par la même impression de grandeur et de mystère que devant la Création : « Est-ce que le bon Dieu l'a jamais dite, son opinion ? » (5-6 décembre 1866). « Oui, la bêtise consiste à vouloir conclure. Nous sommes un fil et nous voulons savoir la trame... Quel est l'esprit un peu fort qui ait conclu, à commencer par Homère ? Contentons-nous du tableau. C'est aussi bon » (4 septembre 1850).

• Une réaction anti-romantique

L'impersonnalité de Flaubert procède aussi d'une réaction contre le romantisme, parce que « la poésie ne doit pas être l'écume du cœur. Cela ne serait ni sérieux ni bien » (22 avril 1854), parce que le lyrisme individuel, dès lors qu'il n'est pas « étrange, désordonné, tellement intense enfin que cela devienne une création » (18 avril 1854), lui semble être une prostitution de sa personnalité. Flaubert n'a pas assez de sarcasmes, dans sa *Correspondance*, pour Lamartine. « Il faut, déclara-t-il un jour, couper court avec la queue lamartinienne » (18 avril 1854).

- *Un art poétique*

Mais ces raisons rejoignent au fond les intentions plus proprement esthétiques de l'auteur. Flaubert, en effet, vise à
l'universel. Pour atteindre à une généralité plus grande,
il lui faut dépouiller l'individu de ce qu'il a de trop personnel,
les intrigues de l'accidentel et du dramatique. « Pas de monstres
et pas de héros. » Ce qui l'intéresse, c'est une humanité
moyenne, mieux : un type : « L'art n'est pas fait pour peindre
les exceptions, et puis j'éprouve une répulsion invincible
à mettre sur le papier quelque chose de mon cœur... Le
premier venu est plus intéressant que M. G. Flaubert parce
qu'il est plus *général* et par conséquent plus typique » (à
G. Sand, 5-6 décembre 1866).

- « *Je crois que le grand art est scientifique et impersonnel* »

Rien d'étonnant que dans ce siècle positiviste, ce fils et frère
de médecins qui vise à l'impersonnalité se réfère si souvent
à la science : « La littérature prendra de plus en plus les allures
de la science ; elle sera surtout *exposante*, ce qui ne veut pas
dire didactique. Il faut faire des tableaux, montrer la nature
telle qu'elle est, mais des tableaux complets, peindre le dessous
et le dessus » (6 avril 1853). Déjà, beaucoup plus jeune, en
1837, Flaubert avait écrit, suivant sans doute en cela le goût
pour les physiologies manifesté par Balzac, une « *Leçon
d'histoire naturelle : genre commis* ». Il se méfie des « bals
masqués » de l'imagination. Le paradoxe sur le romancier
consiste en ceci : « Moins on sent une chose, plus on est apte
à l'exprimer comme elle est, comme elle est toujours en
elle-même, dans sa généralité et dégagée de toutes ses contin-
gences éphémères » (5-6 septembre 1852). Pas plus que
l'homme de science qui observe objectivement la nature
pour en dégager des lois, l'artiste qui crée n'a à se demander
s'il aime ou s'il n'aime pas sa matière : « Tant pis s'il n'aime
pas le rouge, le vert ou le jaune ; toutes les couleurs sont belles,
il s'agit de les peindre » (27 juillet 1852), « ... il ne faut rien
aimer, c'est-à-dire qu'il faut planer impartialement au-dessus
de tous les objectifs » (fin juillet, début août 1857).

On ne crée rien qui vaille sous le coup de l'émotion
du moment ou de l'enthousiasme. Le génie n'est pas dans

le cœur mais dans la réflexion : « Il faut écrire froidement...
Tout doit se faire à froid et posément » professe Flaubert
pour la bonne Louise Colet, toujours prête à prendre pour
de l'inspiration les mouvements de son cœur généreux
(27-28 février 1853). La simplicité est faite de profondes
combinaisons - et *Madame Bovary* en est un prestigieux
exemple -, le naturel ne s'obtient qu'au prix de mille ruses et
l'illusion du vrai n'est que le résultat du travail assidu d'un
auteur qui refuse de s'épancher dans son œuvre.

● *Observation scientifique et observation artistique*

Flaubert se documentait consciencieusement pour écrire
ses romans. Nous savons combien de lectures et de voyages
lui auront coûté *Salammbô*, *l'Éducation sentimentale* ou *Bou-
vard et Pécuchet*. Pour *Madame Bovary*, il est allé assister,
nous l'avons vu, à des *comices* avant d'écrire le chapitre 8
de la 2ᵉ partie, il a étudié la théorie dans un ouvrage médical
et a interrogé son frère pour l'opération du pied-bot (voir
la lettre du 7 avril 1854), et dans une lettre à Louise Colet,
nous le surprenons à avouer son désir d'exploiter pour son
roman l'enterrement de la femme d'un médecin auquel il
doit assister (6-7 juin 1853). Cependant le document ne reste
jamais chez lui à l'état de détail technique ou de renseigne-
ment local ou historique. Il n'y a rien de didactique dans
son art, et il prend bien soin d'établir une distinction entre
l'observation scientifique et l'observation artistique. Pour lui,
cette dernière « doit surtout être intuitive et procéder par
l'imagination d'abord » (6-7 juin 1853). C'est qu'il veut capter
« l'âme des choses », une réalité qui ne se réduirait pas à
l'apparence superficielle. Ce qui l'intéresse, c'est « l'esprit
de la couleur » autant que la couleur, « car la couleur dans la
nature a un *esprit*, une sorte de vapeur subtile qui se dégage
d'elle » (2 juillet 1853). L'artiste doit donc observer avec
son intuition, laisser se reposer en lui la vision de l'objet
pour en saisir l'esprit avant de se hâter de le peindre. A ce
prix seulement il pourra atteindre ce « dessus » et ce « dessous »
auquel fait allusion le fragment cité plus haut, à ce prix il
trouvera le style vraiment expressif et ses tableaux seront
beaux et vrais et mériteront d'illustrer un art qui serait
aussi une science. Alors la réalité confirmera l'imaginaire.

« Tout ce qu'on invente est vrai. » Flaubert ne cache pas son plaisir d'avoir trouvé dans le *Journal de Rouen* « une phrase du maire... faisant un discours, laquelle phrase j'avais, la veille, écrite textuellement dans la *Bovary* (dans un discours du préfet, à des comices agricoles). Non seulement c'était la même idée, les mêmes mots, mais les mêmes assonances de style... Quand la littérature arrive à la précision de résultat d'une science exacte, c'est roide » (22 juillet 1853). Ce n'est qu'après cette confirmation de la justesse de ses inductions de poète, que Flaubert pouvait oser écrire sa fameuse phrase : « Ma pauvre Bovary, sans doute, souffre et pleure dans vingt villages de France à la fois, à cette heure même » (14 août 1853).

• *Impersonnalité et morale*

Dans un article publié en septembre 1851, *Les drames et les romans honnêtes*, Baudelaire renvoyait dos à dos deux familles de romanciers, l'une qui prêchait la « morale bourgeoise », l'autre la « morale socialiste », et il ajoutait : « Le vice est séduisant, il faut le peindre séduisant mais il traîne avec lui des maladies et des douleurs morales singulières ; il faut les décrire. Étudiez toutes les plaies comme un médecin qui fait son service dans un hôpital, et l'école du bon sens, l'école exclusivement morale ne trouvera plus où mordre. » Il faut croire que le poète ne fut pas entendu, puisque *Madame Bovary*, si conforme à ce programme, n'échappa ni aux poursuites de la justice ni aux morsures de la critique. On n'y trouvait pas, il est vrai, ce qu'un art de propagande nommerait des « héros positifs », et le refus de l'auteur d'exprimer ses opinions put être considéré comme de l'indifférence à toute loi morale. C'était méconnaître une des exigences fondamentales de Flaubert chez qui la Beauté ne peut vivre que dans le Vrai, et pour qui la morale n' « est qu'une partie de l'esthétique » et sa condition foncière. C'était méconnaître plus encore la beauté d'une œuvre où les hommes et les choses se trouvaient pris dans un style d'un art souverain, comme sous le regard d'un dieu « invisible et tout-puissant », qu'on sent partout sans le voir jamais (18 mars 1857).

« Le style étant à lui seul une manière absolue de voir les choses... »

(*Lettre à Louise Colet*, du 16 janvier 1852.)

LA CONCEPTION DU STYLE
D'APRÈS LA CORRESPONDANCE

En choisissant pour son roman un sujet « bourgeois » aux antipodes de son œuvre précédente, Flaubert devait sacrifier le lyrisme auquel il s'était abandonné dans *la Tentation de saint Antoine* : « Les grandes tournures, les larges et pleines périodes se déroulant comme des fleuves, la multiplicité des métaphores, les grands éclats de style, tout ce que j'aime enfin n'y sera pas » (21-22 mai 1853).

Moins oratoire ou moins éclatant, le style dont il rêve n'en doit pas être pour autant plus simple ou d'un art moins profond, bien au contraire. Ses lectures lui fournissent à la fois les exemples de fautes à éviter - la mollesse de Lamartine, certaines facilités de Chateaubriand -, et des modèles : « Que ce soit clair comme du Voltaire, touffu comme du Montaigne, nerveux comme du La Bruyère et ruisselant de couleurs, toujours » (13 juin 1852).

Mais à l'école des maîtres du passé, Flaubert n'est pas un élève dénué de sens critique : « Plus je vais, moins je trouve les autres, et moi aussi, bons. » C'est que, selon lui, quelles que soient les réussites antérieures, la prose moderne, celle qu'il a l'ambition de réaliser, n'est pas encore née, parce que, écrit-il, « jusqu'à nous... on n'avait pas l'idée de l'harmonie soutenue du style » (6-7 juin 1853).

Harmonie, voilà le maître mot qui définit l'idéal de l'artiste. Harmonie qui doit conférer à la prose les qualités du vers, sa sonorité, son rythme, sa précision aussi, et dont l'effet sur l'intelligence et la sensibilité du lecteur sera aussi musical, aussi mystérieusement profond que celui produit par la poésie la plus suggestive. Une lettre du 24 avril 1852 est particulièrement éloquente à cet égard : « J'en conçois pourtant un, moi, un style qui serait beau, que quelqu'un fera quelque jour, dans dix ans ou dans dix siècles, et qui serait rythmé comme le vers, précis comme le langage des sciences, et avec des ondulations, des ronflements de violoncelle, des aigrettes de feu; un style qui vous entrerait dans l'idée comme un coup de stylet, et où votre pensée voguerait sur des surfaces lisses, comme lorsqu'on file dans un canot avec bon vent arrière. »

LES CORRECTIONS DE FLAUBERT

Vouloir atteindre l'harmonie soutenue du style exige d'un romancier une grande attention, surtout si ce romancier, comme Flaubert, doit se défier de deux tendances antinomiques de sa nature : le lyrisme et le goût des périodes d'une part, le grotesque de l'autre. L'examen des ébauches et des manuscrits est révélateur du travail qu'a dû effectuer le romancier pour donner à son œuvre la tenue et le pouvoir de suggestion dans la sobriété qui en font la richesse.

● *Suppressions et corrections au nom du bon goût*

Ce qui frappe lorsque l'on confronte le texte définitif à la version établie sur les manuscrits de Rouen (*Madame Bovary*, édition Pommier-Leleu), ce sont les suppressions opérées par l'auteur. Suppressions qui visent d'abord à atténuer le caractère par trop chargé de certains portraits. C'est ainsi qu'au début du chapitre 2 de la deuxième partie, on nous montrait Mᵉ Guillemin sous des dehors peu séduisants : « Son petit œil sans sourcils et à cils rouges, comme ceux d'un lapin blanc, clignotait vivement, rempli d'ironie, de sottise ou de concupiscence »; de même dans l'évocation de

Mme Homais, à la page 137, quelques mots : « d'un aspect si commun », remplacent un développement plus long : « d'une physionomie si insignifiante, avec sa figure blonde, grasse et pâle, et ses petits yeux bleus comme une faïence dépolie ». Suppressions aussi qui épargnent au lecteur des détails peu appétissants ou trop précisément sensuels. Passons sur les réflexions de Rodolphe après sa première rencontre avec Mme Bovary, et qui bravent l'honnêteté, ou sur celles de la veuve Dubuc, « dévote et sensuelle », qui « trouvait son compte sans se troubler du tout la conscience » dans son mariage avec le jeune Charles. Notons seulement la discrétion de la phrase qui présente Rodolphe, à la page 213, par rapport à celle de la version antérieure : « Elle fut ravie de sa tournure quand il apparut debout sur le palier, manchettes retroussées, fouet en main, ganté juste et cravaté bas, avec son habit de velours jaune à la française, qui lui découvrait la taille et sa culotte de tricot qui lui serrait les cuisses. » Plus tard (voir p. 399), quand elle revoit son amant, Emma se laisse prendre « plus encore à sa voix et par le spectacle de sa personne ». Là encore, le manuscrit était beaucoup plus explicite. Cette phrase y était suivie en effet de celle-ci : « Sa chemise entrouverte découvrait son cou gras et blanc, son pantalon à pieds de flanelle rousse lui dessinait les cuisses, et toute la rancune d'Emma, peu à peu, s'assoupissait sous le charme de la force et de la virilité. »

Les images et les métaphores sont encore très nombreuses dans *Madame Bovary*, et leur étude mériterait tout un long développement. Flaubert s'en méfiait pourtant et, dit-il, les « persécutait ». Il a sans doute eu raison d'en supprimer quelques-unes. Que l'on se reporte au début du chapitre 5 de la deuxième partie : durant la promenade à la manufacture, Emma contemple Léon; sur le brouillon, le portrait s'achevait par : « Un peu de neige restée dans sa moustache faisait aux coins de sa bouche une mousse légère. » Une des ébauches indiquait même : « neige au coin de la bouche, comme de la crème de meringue ». Il est évident que ces images ne convenaient guère au portrait idéalisé du clerc vu par la jeune femme. On n'eût guère compris qu'elle en devînt amoureuse précisément à ce moment-là.

- *Concision et impersonnalité*

Certains épisodes mineurs du roman ont été resserrés. Pour la scène du bal, Flaubert avait écrit : « Une jeune femme blonde dont le maintien décent rehaussait le profil angélique était assise auprès d'Emma. Un cavalier en habit bleu passa devant elle, et s'inclina légèrement. » Puis il décrivait ensuite avec complaisance le manège des deux personnages : « Le monsieur s'avança par-dessus le dossier et pendant qu'il faisait le geste d'étendre le bras, Emma vit la jeune femme lui jeter quelque chose dans le chapeau en disant vite et bas : « Prends donc. » Cela fit en tombant un petit choc sur le carton du chapeau. » Dans la version définitive (p. 83), « une dame, près d'elle » remplace toute la première phrase. L'auteur s'efface davantage en ne parlant plus de « maintien décent » ni de « profil angélique » et, sans insister, laisse au lecteur le soin de tirer lui-même ses conclusions sur l'hypocrisie mondaine. Précisant « quelque chose de blanc », il éclaire mieux la nature de l'objet jeté dans le chapeau, tandis qu'en supprimant quelques détails et le brutal « Prends donc », il souligne davantage la muette complicité des gestes, rend la scène plus rapide et plus concise, plus mystérieuse aussi, et par là plus troublante pour l'héroïne et le lecteur.

Autre exemple d'effort vers plus de concision et vers l'impersonnalité : les dialogues. Comparons l'étonnante conversation entre Léon et Homais (p. 364) à la version antérieure : « Vous m'avez toujours caché vos intrigues, dit le pharmacien, mais je connais le pays, la maison, la personne. Nierez-vous qu'à Yonville... ?

Léon devint blême et des flammes lui passèrent devant les yeux.

- ... vous ne courtisiez pas...
Ah ! il savait tout, c'était sûr.
- ... chez Madame Bovary...
- Eh bien ? Qui ?
- ... la bonne. »

Le trouble de Léon n'est plus marqué dans le texte définitif que par de brèves notations : « rougissait », « balbutia », telles que peut en faire un observateur extérieur. Disparus le « des flammes lui passèrent devant les yeux » et la phrase au style indirect libre : « Ah ! il savait tout »..., qui émoussaient le choc rapide des répliques et nous introduisaient trop directement dans l'intimité des pensées du jeune homme. De même, dans la scène chez le pharmacien (p. 225), la phrase de Binet sur l'humidité : « D'autres se réjouissent », était suivie d'une réflexion d'Emma au style indirect libre : « Était-ce une allusion ? une insolence ? Mais quel manant ! », que Flaubert a remplacée par le simple : « Elle étouffait. » Le percepteur continuait par : « Car pour les biens de la terre, c'est fort heureux ! », phrase reprise en chœur par Charles et Homais. Rien de cela dans la version définitive : Flaubert enchaîne directement sur « Donnez-moi encore... » Nous ne saurons donc pas le sens exact des paroles du percepteur, Emma non plus, et la menace qui lui semble peser sur elle n'en est que plus lourde. Dans les deux cas, le pouvoir de suggestion du dialogue est renforcé, cependant que l'auteur s'efface davantage, substituant aux réflexions des personnages de simples indications d'attitudes. On retiendra ici une des conclusions de l'ouvrage de Mme Gothot-Mersch : « Dans *Madame Bovary* l'impersonnalité... est affaire de style. »

- ● *Rythme, harmonie et clarté*

Recopiant plusieurs pages de son roman pour les faire lire le dimanche à son ami Bouilhet comme il en avait l'habitude, Flaubert notait dans une lettre à Louise Colet : « Que de répétitions de mots je viens de surprendre ! Que de « *tout* », de « *mais* », de « *car* », de « *cependant* » ! » (lettre du 28-29 juin 1853). Ces petits mots, il les a souvent impitoyablement chassés pour donner plus de rythme et de netteté à sa prose, débarrasser le muscle de la mauvaise graisse. Dans un passage où il évoque l'attente par Madame Bovary de son enfant (voir p. 128), il avait écrit : « ... ne pouvant, d'autre part, faire les dépenses qu'elle voulait, avoir un berceau en nacelle avec des rideaux de soie rose et des béguins brodés, elle renonça donc au trousseau, dans un accès d'amertume, et elle le commanda d'un seul coup à une ouvrière du village. Sans rien choisir ni discuter. Ainsi elle ne s'amusa pas à ces longs préparatifs où la tendresse des mères se met d'avance en appétit ; à cause de cela, sans doute, son sentiment, dès l'origine, en fut contraint quelque peu ; la place lui manqua pour grandir, il se développait dans cette incubation mauvaise, comme ferait un fœtus dans un ventre comprimé. » Dans notre texte, les propositions sont aussi fermement liées, et aussi rigoureux est l'enchaînement des sentiments, mais la phrase va plus vite à l'essentiel. La dernière image, trop réaliste, est supprimée, ainsi que les « d'autre part » et « à cause de cela », trop lourds. L'ellipse du pronom devant le verbe « commanda » rend mieux compte de la brusquerie d'un caprice, la disparition de « longs » et de « d'avance » enlève une perspective temporelle à l'expression, mais renforce la netteté abstraite de la vérité générale. La précision du style, enfin, gagne à la substitution de « affection » à « sentiment », d'« atténuée de quelque chose » à « contraint quelque peu ».

« Sa pensée sans objet vagabondait comme sa levrette, à droite, à gauche, sans but ni direction. Elle suivit de l'œil la jolie bête aux pattes fines qui faisait de grands cercles en courant, poursuivait quelque rat ou mulot dans les sillons et secouait la tête sur le bord des pièces de blé aux coquelicots qui lui frôlaient le museau. » Telle est une des versions d'un passage de la page 74. Les deux phrases citées sont bien cadencées, sans doute, mais il est facile de comprendre pour quelles raisons Flaubert les a modifiées et fondues en une seule. D'abord l'héroïne n'apparaît plus comme le sujet. C'est la pensée d'Emma qui vagabonde et qui suit les évolutions de la levrette, comme détachée d'elle-même. Le caractère machinal de la perception, l'abandon à la rêverie qui dissipe un moment la conscience claire de sa personnalité sont ainsi mieux mis en valeur. Les verbes sont plus évocateurs : « donnait la chasse, jappait, mordillait »; le jaune des papillons s'ajoute au rouge des coquelicots. Mais le changement de certains mots répond sans doute, d'autre part, au souci constant chez Flaubert de l'euphonie. Coquelicots, museau, mulot constituent de ces « consonances à enlever » que corrigeait l'artiste. D'où la substitution à « rat ou mulot » de « musaraigne », qui tient à la fois de museau pour la première syllabe, et de mulot pour le genre animal, et qui présente l'avantage de ne pas rimer aussi fâcheusement avec coquelicot. Poursuivons la lecture de la version antérieure de ce passage : « Quand ses regards s'étaient ainsi promenés au hasard sur l'horizon qui l'entourait, et que son attention avait effleuré à peine les pensées se succédant dans sa tête, comme deux cercles, l'un compris dans l'autre, qui se resserrent d'accord en rentrant en eux-mêmes, sa pensée rentrait en elle, et ses regards s'arrêtaient; assise par terre et du bout de son ombrelle fouillant la terre à petits coups de poignet, elle en revenait toujours à cette question... » Il est curieux de constater à quel point Flaubert était parfois gêné, dans ce roman où la psychologie tient une si grande place, pour exprimer simplement des analyses de sentiments. Il faut bien dire que si les phrases du manuscrit rendent parfaitement compte de l'analyse qu'a faite G. Poulet des métamorphoses du cercle dans *Madame Bovary*, elles n'en sont pas moins fort embarrassées, et que la répétition du verbe « *rentrer* » est bien gauche. Un brouillon présentait une autre version encore : « comme deux cercles concentriques contractant à la fois leurs deux circonférences ». L'expression n'était guère plus claire ni plus convaincante. La version définitive l'est davantage.

Cette confrontation de deux ou plusieurs états du texte nous a permis d'entrevoir la « mécanique compliquée », selon ses propres termes, par laquelle Flaubert arrivait à faire une phrase et à donner à son style le maximum d'efficacité. C'est toujours à une plus grande tenue et à une plus grande netteté qu'il vise, mais les soucis de rythme, d'harmonie, de poésie enfin ne sont jamais absents de sa conscience d'artiste. C'est à ce prix qu'il réussit à donner à sa prose, même quand il l'émonde, ce caractère de richesse sensuelle qui fait que verbes ou adverbes, noms ou adjectifs, ouvrent sans cesse de multiples perspectives à l'imagination et à la rêverie, en jouant sur ces « troisièmes et quatrièmes plans de prose » dont il parlait dans une de ses lettres.

Conclusion

Le dogme de l'objectivité, l'ambition scientifique du romancier, se retrouveront chez Zola, dont l'essai sur *le Roman
expérimental*, paru l'année même de la mort de Flaubert,
s'inspire de si près de l'ouvrage de Claude Bernard sur
l'*Introduction à l'étude de la médecine expérimentale*. Désormais les romanciers accumuleront les faits au terme d'enquêtes
plus ou moins fouillées, pour présenter de la réalité de vastes
tableaux, dont l'esprit épique n'est pas toujours absent,
où une société, une famille, un individu seront étudiés
dans leurs rapports avec le milieu social et les déterminismes
du monde extérieur et de leur tempérament. Le pessimisme
de Flaubert ne sera peut-être pas étranger non plus au parti
pris adopté par les Naturalistes, volontiers enclins à peindre
sur des « écrans » teintés de noir.

Pourtant, même si on a voulu voir en lui l'initiateur
du naturalisme, Flaubert a répugné à se poser en chef d'école.
La part du romantique en lui s'y refusait, comme son horreur
des classifications sans nuances, les étiquettes de Réalisme
et de Naturalisme lui paraissant également ineptes. « Je
m'abîme le tempérament à tâcher de n'avoir pas d'école »,
déclare-t-il à George Sand en décembre 1875. Il est très
conscient du malentendu qui risque de s'instaurer. Le Zola
de *L'assommoir* lui paraît une « précieuse à l'envers », qui ne
se soucie point de ce à quoi il tient le plus : la poésie et le
style, et on le sent navré de constater que les nouveaux
romanciers, qui se réclament parfois de lui, ne partagent
pas, en fait, son goût exigeant de la Beauté qui lui avait fait
transfigurer les réalités les plus triviales.

Mais en dehors de toute question d'école, le roman reste très vivant. Son héroïne continue d'incarner l'échec de l'illusion romanesque. Les techniques qu'il a mises au point, attitude rigoureusement objective de l'écrivain, analyse psychologique animée comme une narration, description suggestive du monde reflété dans la conscience d'un personnage, tableaux « symphoniques », frontières indécises entre description, dialogue et récit, importance accordée à l'objet et au petit détail vrai, son style enfin, contribuent à faire de *Madame Bovary* une œuvre capitale et dont les romanciers et les critiques d'aujourd'hui n'ont pas fini d'explorer toutes les suggestions.

Annexes

▶ Thèmes de réflexion

• Analysez les variantes et les suppressions dans le roman de Flaubert en comparant la version courante à *Madame Bovary, nouvelle version*. Quelles conclusions en tirez-vous concernant les efforts de l'auteur pour « marcher droit sur un chemin, suspendu entre le double abîme du lyrisme et du vulgaire », et pour respecter les proportions ?

Flaubert, « Madame Bovary » et les médecins.

• Quels furent les rapports de Flaubert avec les médecins et la médecine ? (Lire, en ce qui concerne sa maladie, l'article, définitif, du Dr Galerant dans *Europe*.)

• D'après *Madame Bovary*, quelle idée peut-on se faire de l'emploi du temps, du genre de vie et du rôle d'un officier de santé sous Louis-Philippe ?

La chronologie des faits et leur enchaînement.

• Dressez un tableau précis de la chronologie des faits dans *Madame Bovary*. Est-elle tout à fait exacte ? A quel but Flaubert a-t-il sacrifié le strict réalisme en ce domaine ?

• Suivez et analysez l'enchaînement des sentiments et des faits, de l'exposition au dénouement. Montrez que le mot de Charles sur la fatalité (page 445) se justifie. Cette rigueur dans l'enchaînement vous donne-t-elle l'impression d'avoir été acquise au prix de sacrifices ou parfois même de la mise en place ou de l'absence, très voulues, de certains éléments du récit ou du décor ?

La peinture du bourgeois, le grotesque et l'ironie.

• Le tragique est-il bien, comme le disait Flaubert, « incompatible avec un sujet bourgeois » ? Quel est le succédané du tragique dans *Madame Bovary* ?

• Homais et Joseph Prudhomme, de Henri Monnier.

• La peinture du bourgeois dans *Madame Bovary* et dans le théâtre du Second Empire : Émile Augier *(Le gendre de Monsieur Poirier)*, Labiche *(Un chapeau de paille d'Italie, Le voyage de Monsieur Perrichon)*, Alexandre Dumas fils...

• Le petit bourgeois dans les estampes de Daumier et dans les œuvres de Flaubert.

• Comparez le parler des petites gens dans *Madame Bovary* et celui des paysans dans *Les paysans* de Balzac et *La mare au Diable* de George Sand.

• Relevez toutes les formes du grotesque et tous les moyens par lesquels il se révèle dans le roman de Flaubert.

• Le monde provincial et paysan de Flaubert et celui de Guy de Maupassant. Commentez ce jugement de Paul Hazard à propos de ce dernier : « Je le trouve plus humain que Flaubert, plus sensible, moins prisonnier d'une doctrine, moins esclave d'une attitude. »

• Relevez les thèmes communs au *Dictionnaire des idées reçues* et à *Madame Bovary*.

• Flaubert écrivait : « L'ironie n'enlève rien au pathétique, elle l'outre au contraire » (lettre du 9 octobre 1852). De quelle façon l'ironie se manifeste-t-elle dans son roman ? Analysez ses rapports avec le pathétique, la satire, le « comique triste ».

La description.

• Les personnages secondaires dans *Madame Bovary* : leur caractère et leur rôle dans le roman.

• Comparez le caractère de la description chez Flaubert et chez Balzac (voir l'ouvrage de Geneviève Bollème cité dans la bibliographie et l'article de Gérard Genette dans *Figures I*).

• Rouen vu par Flaubert. Le Havre (Bouville) vu par Sartre dans *La nausée* (lire l'étude de Geneviève Idt sur *La nausée* dans la collection *Profil d'une œuvre*).

• Le roman des objets dans *Madame Bovary* (lire l'article de Claude Duchet dans *Europe* et celui aussi de Jean Levaillant, sur la matière).

• « L'histoire du costume serait une belle chose à faire », notait Flaubert dans l'une de ses lettres. Montrez, dans

Madame Bovary, les rapports 1) entre les traits ou la position sociale des personnages et leurs vêtements ; 2) entre l'habit et l'action ou le caractère imprimé à l'action.

Le style.

• Quels sont, à l'intérieur de la narration, les rapports entre les dialogues au style direct, le style indirect et le style indirect libre ?

• Le style épique dans *Madame Bovary* (lire l'article de Michel Crouzet dans *Europe*).

• Images et métaphores dans *Madame Bovary* vous paraissent-elles trop nombreuses ou trop recherchées ? D'après sa correspondance, quelle conception Flaubert s'en faisait-il ? Quel est leur rôle dans le roman ? (Se référer à l'ouvrage de Démorest : *L'Expression figurée et symbolique dans l'œuvre de Gustave Flaubert*, Conard, 1931.)

Impersonnalité.

• D'après *Madame Bovary*, quelle pourrait être la doctrine d'un « Flaubert éducateur » ?

• Des deux termes *impassibilité* et *impersonnalité*, lequel convient le mieux, selon vous, pour définir l'attitude de l'auteur par rapport à ses personnages et à son sujet ?

• La personnalité de l'auteur est-elle vraiment totalement absente de *Madame Bovary* ? Sinon, comment se manifeste-t-elle ?

• Sous quelles formes le romantisme apparaît-il dans *Madame Bovary* ?

• Les états d'âme de Madame Bovary. Pour *Madame Bovary*, p. 99, voir Auerbach ; pour ce paragraphe et celui de la page 74, voir Poulet ; pour d'autres passages, voir Richard et Rousset (ouvrages cités dans la bibliographie).

Bibliographie critique et sélective ◀

Comme on peut s'en douter, la bibliographie de Flaubert est énorme. Nous proposons ici un choix d'ouvrages généralement récents et d'accès facile.

● *Œuvres de Flaubert*

Œuvres complètes (deux volumes), L'Intégrale, Seuil, 1964 (dans le premier volume, chronologie très détaillée de la vie de l'auteur et *Souvenirs littéraires* de Maxime Du Camp).

Extraits de la correspondance ou *Préface à la vie d'écrivain*, Seuil, 1963. (En attendant la publication de la correspondance complète et non expurgée, nous recommandons ce recueil admirable et nécessaire, dû à Mme Geneviève Bollème.)

Dictionnaire des idées reçues. Liguori-Napoli, Nizet-Paris, 1966. (Édition « diplomatique » des trois manuscrits de Rouen.)

● *Sur Flaubert*

ALBERT THIBAUDET : *Gustave Flaubert*, Gallimard, 1935 (1re éd. 1922) (l'étude du style est particulièrement intéressante).

GEORGES SUFFEL : *Gustave Flaubert*, Éditions universitaires, 1958.

CLAUDE DIGEON : *Gustave Flaubert*, Connaissance des Lettres, Hatier, 1970.

JEAN BRUNEAU : *Les débuts littéraires de Gustave Flaubert*, Armand Colin, 1962. (La troisième partie, « les œuvres de jeunesse et les grands romans », met en valeur les apports personnels de l'auteur dans la genèse de *Madame Bovary*.)

MARIE-JEANNE DURRY : *Flaubert et ses projets inédits*, Nizet, 1950.

J.-P. SARTRE : *L'idiot de la famille. Gustave Flaubert de 1821 à 1857.* Gallimard, 2 volumes, 1971. En attendant la grande étude sur *Madame Bovary*...

● *Une édition importante du roman*

Madame Bovary, nouvelle version. José Corti, 1949.

Texte établi sur les manuscrits de Rouen par Jean Pommier et Gabrielle Leleu. (Cette version a été constituée « en mettant à la suite certains brouillons du roman, sans s'interdire les emprunts (chaque fois signalés) à des versions plus récentes et même à la mise au net ». Elle offre donc la rédaction première et des variantes. L'introduction est suivie d'une chronologie détaillée des étapes de la composition et de la rédaction du roman.)

- *Commentaires*

LÉON BOPP : *Commentaires sur Madame Bovary*, La Baconnière, 1951.

RENÉ DUMESNIL : *Madame Bovary*. Étude et analyse, Mellotée, 1958 (troisième partie consacrée à *Madame Bovary* devant les contemporains et la postérité).

- *Études particulières*

CLAUDINE GOTHOT-MERSCH : *La genèse de « Madame Bovary »*, José Corti, 1966.
(Critique très précise, fouillée et pénétrante des sources documentaires, qui fait justice de certaines légendes. Analyse détaillée des scénarios et de la méthode de travail de Flaubert par la lecture attentive des brouillons et des manuscrits. Bibliographie abondante.)

GENEVIÈVE BOLLÈME : *La leçon de Flaubert*, Julliard, 1964.
(Particulièrement intéressantes, les pages 141 à 199 sur la description romanesque dans *Madame Bovary*.)

JEAN ROUSSET : *Forme et signification*. Essai sur les structures littéraires, de Corneille à Claudel, José Corti, 1964.

JEAN-PIERRE RICHARD : *Stendhal et Flaubert*, Coll. Points, Seuil, 1970 (1re édition dans *Littérature et Sensation*, 1954).

GEORGES POULET : *Les métamorphoses du cercle*, Plon, 1961.

RENÉ GIRARD : *Mensonge romantique et vérité romanesque*, Grasset, 1961. (La notion de « désir triangulaire » et de médiation, à travers les œuvres de Stendhal, Dostoïevski, Flaubert et Proust.)

ERICH AUERBACH : *Mimésis*, Gallimard, 1970. (Paru en 1946, traduit de l'allemand. L'analyse du paragraphe du bas de la page 99 se trouve au chapitre 18 de cet ouvrage.)

MARCEL PROUST : *Chroniques*, Gallimard. (Article sur le style de Flaubert, en réponse à l'étude d'Albert Thibaudet.)

Revue Europe, de sept.-oct.-nov. 1969. (Communications du colloque Flaubert. A lire, pour *Madame Bovary*, les articles sur le dialogue, le style épique et les objets, respectivement de Claudine Gothot-Mersch, Michel Crouzet et Claude Duchet.)

Index des thèmes

COLLECTION PROFIL

Aubin Imprimeur
LIGUGÉ, POITIERS

Achevé d'imprimer en novembre 1988
No d'édition 10931 / No d'impression L 29122
Dépôt légal novembre 1988 / Imprimé en France